JN270467

Donald R. Woods　Problem-based　Learning
How to gain the most from PBL

PBL
Problem-based　Learning
判断能力を高める主体的学習

ドナルド R. ウッズ　マクマスター大学教授
訳＝新道幸恵　青森県立保健大学学長

医学書院

□著者
Donald R. Woods
Professor, Department of Chemical Engineering,
McMaster University
Box 762, Waterdown, ON, LOR 2HO, Canada
E-mail:woodsdr@mcmaster.ca

Authorized translation of the original English language edition
"Problem-based Learning : How to gain the most from PBL"
by Donald R. Woods
Copyright © 1994 by Donald R. Woods
© First Japanese edition 2001 by IGAKU-SHOIN, LTD., Tokyo

Printed and bound in Japan

PBL Problem-based Learning
判断能力を高める主体的学習

発　行　2001年6月15日　第1版第1刷
著　者　ドナルド R. ウッズ
訳　者　新道幸恵(しんどうさちえ)
発行者　株式会社　医学書院
　　　　代表取締役　金原　優
　　　　〒113-8719　東京都文京区本郷5-24-3
　　　　電話 03-3817-5600（社内案内）
印刷・製本　大日本印刷
用　紙　北越製紙
本書の複製権・翻訳権・上映権・譲渡権・公衆送信権（送信可能化権を含む）
は㈱医学書院が保有します．

ISBN 4-260-33143-4　Y 2800

JCLS　〈㈱日本著作出版権管理システム委託出版物〉
本書の無断複写は著作権法上での例外を除き禁じられています．
複写される場合は，そのつど事前に㈱日本著作出版権管理システム
（電話 03-3817-5670，FAX 03-3815-8199）の許諾を得てください．

日本の読者の方々へ

　日本においても，またカナダにおいても長いあいだ，教授法として講義が使われてきました．講義や，これまでの教育プログラムでは，学生は教師の話を受動的に聞き，学生同士が点取り競争をする傾向があり，学習計画は教師がつくるものとされていました．しかし，学習についての研究によれば，学習が向上するのは学生が主体的（受動的ではなく）な場合や，学生同士が協力する（競争するのではなく）場合，そして学生が少なくとも学習計画の一部を自分でつくる場合であることが明らかにされています．PBL (problem-based learning) は，学生が主体的に，また協力して学習について意思決定をする学習環境を提供してくれます．

　PBL は，この 25 年間に起こった教育の発展の中でも非常に刺激的なものの1つです．しかし，講義中心の伝統的な形態から新しい PBL の方法に転換するのは，教師と学生の双方にとって，なかなか困難な仕事です．本書は学生の方々が，この自主的で効果的な学習法から多くのことを学びとり，この転換をうまく切り抜けられるよう，その手助けとなることをねらって書かれています．本書では，学生に求められる変化，学習や問題解決技法に対する新しい姿勢，グループワーク，習得すべき学習や自己評価について解説しています．

　自国語で書かれた本を読んだほうが，新しい考え方を学ぶのは容易でしょう．本書の訳者である新道教授が私の本の翻訳を引き受けてくださり，日本の学生の方々が学習の向上のために PBL の考え方と使い方を容易に知ることができるようになったことに敬意を表すると同時に，うれしく思っています．効果的な学習への新たな冒険をお楽しみください．

Donald R. Woods

訳者序文

　本書の書名になっているPBL（Problem Based Learning）は，これまで，問題基盤型学習と訳されてきた．しかし，本書では，学生用ということもあって，わかりやすく，問題に基づく学習と訳すことにした．PBLは，教師によって提示されたシナリオという事例に関する簡単な説明文の中から学習課題を見出し，学習に取り組む．学習は小グループによって主体的に取り組まれるが，テューターといわれる教師によって導かれる．

　PBLを成功させるためには，問題解決や，小グループ活動，主体的な学習，メンバー間の相互依存，自己評価等のスキルを有していることが要件となる．本書にはPBLの解説から始まり，PBLに必須のスキルの各々が含まれている．言い換えれば，本書は，PBLに取り組む学生のための書であり，学生にPBLを勧めるための書と言えよう．

　本書の著者D.Woods氏は，カナダのマクマスター大学工学部で，教授として学生に教える傍ら，カナダやアメリカにおいて，教師を対象にPBLを中心とする教授・学習方法の講演の経験がある．我が国には，1999年に聖路加看護大学教授の小山真理子氏の招待で訪れ，看護学教育の担当者へのPBLの講演活動を行われた．訳者は，その時に神戸大学に氏を招き，教員への講義をお願いした．その講義は，参加者にPBLについての理解のみならず，教授法についての少なからぬヒントを与えたようである．その機会は，ファカルティーデブロップメントとしての意味があったと確信している．

　訳者は1998年，マクマスター大学看護学部の看護教員のためのPBLに関するワークショップに参加した際にD.Woods氏の講義を受け，本書の翻訳を思い立った．その理由は，変革の時代といわれる社会において，看護の専門職として成長発展していけるように学生を教育するには，主体的学習態度を学生時代に身につけていくことの重要性を感じていたからである．また，主体的学習方法として，PBLという学習方法は有効であることを，マクマスター大学におけるワークショップの中で，理解し始めていた時に，本書に出会ったというタイミングの良さが第2の理由である．第3の理由は，本書がPBLについて分かり易く解説されており，その学習に必要なスキルの重要なものも取り上げていることである．さらに，本書は学生向けに書かれているが，教授方法を模索していたり，PBLの教授方法を取り入れている教師にも有用な書と考えて，翻訳するための交渉を始めた．

　1997年から実施されている看護学教育新カリキュラムは，改訂に当たって学生の主体的な学習を目標にされている．また，2000年11月に「グローバル化時代に求められる高等教育の在り方について」の諮問に対する大学審議会からの答申にも，学生の主体的な学習の重要性についての記述がある．その答申によると，「グ

ローバル化時代を担う人材の質の向上に向けた教育の充実」の1つとして，高い倫理性と責任感を持って判断し行動できる能力の育成について言及されている．そのうちの責任感を持って判断し行動できる能力については，「地球社会を担う責任ある個人としての自覚の下に，学際的・複合的視点に立って，自ら課題を探求し，論理的に物事をとらえ，自らの主張を的確に表現しつつ行動していくことが出来る能力」であることが具体的に述べられている．即ち，この答申においても学生の主体的な学習の意義と共に，必要性が述べられている．

　上記のことは，21世紀の人材育成に当たって，高等教育における主体的学習を可能にする教育の重要性が認識されてきたことを示している．人の命を守ることを使命とする看護職という専門職の育成に当たっては，大学審議会の答申に見られる「高い倫理性と責任感を持って判断し行動できる能力の育成」は重要な課題であると言えよう．21世紀において，社会に貢献し得る看護職を育成するに当たっては，教員による教授方法の開発が必須要件となろう．このことについては，既に，ファカルティデブロップメントの重要性として，教育関係者間で強調され始めている．本書が，そのような機会における参考書として活用されれば幸いである．

　本書は，青森県立保健大学において教育学を担当している浅田豊氏らに下訳をお手伝いいただきました．また，医学書院の石井伸和氏には，私の翻訳書出版の申し出を快くお引き受けいただき，辛抱強く出版に至る過程を見守っていただきました．そして制作を担当された森本成氏，これらの方々に心から御礼申し上げます．

2001年6月

新道幸恵

推薦のことば

　本書の著者であるDon Woods氏は長年，PBL（problem-based learning）に情熱を傾け，挑戦を続けてきた．彼はPBLを自身の教育プログラムに取り入れ，学生たちが，伝統的な授業方法と問題にもとづく（problem-based）方法の両方の中でPBLの考え方に悪戦苦闘する姿をこれまで見てきている．したがって，おそらく「PBL」に関してはだれよりもよく理解しているといえるであろう．彼は自分の考え方を文字にする時は，常に情報を混ぜ合わせ，整理し，図表で示すようにしており，本書には，彼が学習技術に対する情熱に持ち込んだスタイルがはっきりと反映されている．

　本書を斜め読みするにしても，あるいはじっくり熟読するにしても，個人・グループ両方のためのPBLについての彼の考え方を知る魅力的なベンチャー（冒険）になることは間違いない．あなたが，PBLにはどのようなものが含まれているのかを徹底的に知りたければ，本書が必ずそれを教えてくれるだろう．あなたが学生であれ教師であれ，刺激となる実例や思慮に富んだ見解と指針がここに示されている．

　Woods氏のなみなみならぬ熱意に感謝の気持ちを抱く学生は後を絶たない．本書にはこの熱意が，コンパクトに，そして後世に残る形で注ぎ込まれているといえよう．

E.Kinsey M.Smith, M.D.
Associate Dean (Education)
MacMaster Medical School, Hamilton, Canada

＊　　　　＊　　　　＊

　PBLのことを初めて耳にした時，私は大いに感激したことである．これこそが，林学を学んでいる私の学生たちが，専門分野の技能と知識をはじめ，専門家としての実践に必要な多くの能力を学ぶ方法であると私は判断したのである．そして私の感激ほどではなかったが，「幸運」な私の学生たちがPBLに強く反応を示した時の私の驚きを想像していただきたい．

　考えてみれば，PBLをいやがる学生のものの見方を理解するのはたやすい．結局，大半の学生は，教師中心で学科目にもとづいた非実用的な学習環境で成功するために勉強して年月を過ごしてきたあげく，大学に入ってくるのである．しかしPBLでは，学生は積極的に自己主導する学習者でなくてはならない．したがってPBLへの転換は，ある学生たちにとってはショッキングで，ありがたくない変

化であるとしてもおかしくはない．

　Woods 氏はこの問題を認識し，真っ向から取り組む役目を担ってきた．本書は，学生が PBL を理解し，そしていかにしてこれを最大限に活用するかを学習するために必要な架け橋を提示している．私は本書を，私の林学の学生たちのために利用できることを心から楽しみにしている．

Kenneth M. Brown
Professor of Foresty
Lakehead University, Thunder Bay, Canada

＊　　　　＊　　　　＊

　これまで 4 年間，マクマスター大学の作業療法士と理学療法士の課程の「問題にもとづく(problem-based)」カリキュラムの実行にかかわってきて，私は Woods 氏が本書においてなし遂げたことに対して心から敬意を表したいと思う．

　学生は，私たちのプログラムへの参加が許可された当初は自分が何を習得するのかわかっていると考えているが，数週間のうちに Woods 氏が著書の中で提示している問題と格闘することになる．本書は読みやすいうえに，好適な例や膨大な文献にあふれている．本書が私たちのプログラムの中で利用されることにより，学生がよりよく問題に対処し，また学習から多くを得られるようになることを期待している．

Professor Helen Saarinen
School of OT/PT
McMaster University, Hamilton, ON., Canada

＊　　　　＊　　　　＊

　薬学の専門職には今，劇的な変化がひそかに訪れている．これまでは薬剤師の第 1 の責務として，薬剤の準備と配布に焦点が当てられてきた．しかし最近は，患者と患者のための薬剤療法に再び焦点が当てられてきている．厳密にいうと，薬剤師は他のヘルスケア専門職とともに，医薬の適正かつ安全な使用を保証する責任を負っている．そのためには，薬剤師は薬に関する諸問題を明らかにし，それを解決し予防するよう心がけなくてはならない．Woods 氏は，薬剤師がこれらの責任をうまく果たすために重要かつ恰好のツールを提供してくれた．PBL は，薬剤師の新しい役割にも役に立つだろう．また Woods 氏のテキストは，これに熟練するために必要とされるスキルに対して，すばらしい視点を与えてくれた．

Professor Linda M. Strand
Pharmacy
University of Minnesota, St. Paul, MN., USA

＊　　　　＊　　　　＊

　PBL には多くの定義があり，そのそれぞれが各分野に独自に貢献している．PBL に関して書かれた，Woods 氏の手になる本書は 2 つの貢献をしている．第 1

推薦のことば

に，多様な学習環境（各種学校，大学，職業，医療，軍事，ビジネス，教員養成機関など）や学習機関における中学生から大人までの学習者にとって，適切で役に立つPBLの一般的定義を示したということである．本書に示されている考え方や演習問題を通して，学習者は自宅で自習したり，小グループをつくってさまざまな場におけるさまざまな問題を解決したり，多くのケーススタディや標準化された患者，目標にもとづいたシナリオなどを使ってPBLのモデルに取り組んだりする．他のPBLモデルには具体的な手順を示してくれるものもあるが，Woods氏は中学生以上の人ならばだれでも効果的に利用できるモデルを提供してくれているのである．このモデルは実用的で，平易な言葉で書かれており，数多くのツールと学習資源を紹介している．私はこれを自分で実際に利用し，そして同僚に勧めてきた．もしも私が教師であったなら，学生たちにこれを使うよう勧めることだろう．

第2に，Woods氏は他のモデルが扱っていないPBLの社会的・感情的側面を多く扱っている．つまり，学習のしかたを変えるということは苦しいことであり，この苦しみに取り組んでいくための考え方や資源を挙げているのである．また本書は，自己主導のPBLに加えてグループによるPBLのスキルや考え方，訓練についても触れている．つまりここで重要なのは，本書は学習を促進し，力のある知的モデルをつくりあげるために，テキストを中心に視覚的な表現にも注意を払っていることである．本書の記述はすばらしく，構成もきちんとしており，しかも話題性も十分である．

Beau Jones
North Central Regional Educational Laboratory
Oak Brook, IL., USA

はじめに

　本書は学生を対象に書いたものである．すなわち，PBL (problem-based learning)の環境の下で学習する学生のためのものである．PBL は学習を促進する．PBL は教育学や心理学の最高の研究にもとづいており，PBL は学習の形態として多くの学生に好まれている．PBL が，1970 年代以降の教育界において注目すべきサクセスストーリーの 1 つであることは間違いない．PBL の方式で学習できるということは，幸運なことといえよう．

　PBL は，プログラムによってさまざまな形をとる．たとえばビジネススクールのケーススタディ法，指針にもとづいた意思決定・計画法，マクマスター大学医学部の PBL 法，また研究方法であったりと，さまざまである．このすべてに共通していることは，"学習を進めるために問題を使用する"ということである．あなたのプログラムがケーススタディであっても，学習契約であっても，また医学部の PBL モデルであっても，本書を読むことで役に立つであろう．PBL を使う目的が英語や心理学，ソーシャルワーク，法律，看護，薬学，経営，建築，工学，歯科学，警察業務，医学，化学，またはドイツ語など，何を学ぶためであっても，本書を読むことで役に立つであろう．

　PBL をどのように実践するかに関しては，これまで数多くの書物が教員や管理者のために書かれている．本書は，学生であるあなたのために書かれた最初の本であると私は自負している．本書は，学生からのフィードバックをもとにつくられ，使用され，改善されてきたのである．

　私の教室でのやり方は，マクマスター大学医学部の PBL 方式の影響を大きく受けている．したがって，本書でもっとも直接的に示している方法を正確に述べるならば，"自己評価を行う，自主的な，相互依存的な，小グループによる PBL"という少々長ったらしい表現になる．それはさておき，何らかの形の PBL に取り組む学生にとって，本書が役立つことを願っている．

　あなたは，本書から次のことを得ることができよう．
- 期待できることの理解と，新しい方法に取り組む時に抱く感情をうまく処理する方法の心得
- PBL 方式とそれによる学習に関する問題を明らかにする枠組み
- 変化への対応，問題解決，実りあるチームワーク，生涯学習のスキル，自己評価など対処スキルの能力と自信
- PBL を効果的に使うために必要で，生きていくのに欠かせないスキルを与えてくれるさまざまなトピックスや対処スキルについての一貫した知識
- PBL の経験を最大限に活用できるという自信

なかには，PBL が，今のこの時点では適さないことの理由がわかるようになる

はじめに

人もいるだろう．このような結論に至ったとしても，それまでにたどってきた道は，日常生活に必要な技能，たとえば変化への対応，問題解決，対人関係のスキル，生涯学習のスキル，自己認識・自己評価のスキルなどの探究につながるであろう．

本書を，1つの枠組みとして使っていただきたい．本書では，PBLや変化への対応について，あるいはPBLを使うにあたって必要な対処スキルについて知っておくべきことを紹介している．私は問題提起を試みたつもりである．すなわち，このような問題についての自分の知識や技能，態度を振り返ってもらったり，洞察力を高めるための活動を提示している．ただその一方で，基本的な知識を得るために使える資源は提供したつもりである．私は，PBLのモデルをつくりたいと考えてきた．状況を提示し（1, 2, 4, 6, 8章），問題を提示し（1, 3, 5, 7, 9, 10章の各導入部），「皆さんがすでに知っていること」を尋ね，次に問題のリストを見せる．必要に応じて，次の章に移ってもよいし，ある問題を取り上げてもよい．"自己評価を行う，自主的な，相互依存的な，小グループによるPBL"には，多くの複雑なスキルが必要であり，またそのようなスキルを身につけることができる．読者の多くは，すでにこのようなスキルを身につけておられるであろう．ただし，自分がそのスキルを身につけていることに気づかないまま，ただ「行っている」ことがある．また，学習を妨げる破壊的な行動を無意識のうちにしてしまっていることもある．本書はこれらの多くのスキルを順を追って説明し，スキルを積み重ねていけるように構成してある．新しい知識と対処スキルを徐々に身につけていくために，"連続的接近"の方法を使う．この方法にフラストレーションを感じる人もいる．PBLを始めると，すべてのスキルを活用しなければならないからである．すべての新しいもの，不確かなものに適応していかなければならない．「それでいいですよ」というような，自分がいつも受けているフィードバックを得られないのでストレスを感じてしまうのである．変化を歓迎しよう．第1章では，PBLにおける変化をおおまかにみることができる．

PBLの最初の仕事は，自分がすでに知っていること，これから知る必要のあることなどを明らかにすることである．ここでは，系統だった分析と熟考を用いる．そして考えを生み出し，それを検討する．本書では，この2つのメンタルスキルをあわせて「問題解決法」と呼んでいる．第2章では問題を提起する．第3章では，問題解決に関する事柄や，「問題解決」に関して知る必要のある事柄について考えるためにPBLに取り組む．

小グループのPBLでは，対人関係のスキルとグループスキルが役に立つ．第4章ではその状況を提示する．第5章では，グループスキルに関する事柄や，グループスキルに関して知っておく必要のある事柄について考えるためにPBLに取り組む．

同様に，第6章と第7章では，自己主導型の相互依存的な学習について，そして第8章と第9章では自己評価について考える．第10章では，これらを総合して考えてみる．第10章では，特にスキルを身につけ，問題解決やグループプロセス，自己主導型学習，自己評価，そして変化に対する肯定的な態度へと徐々に進んでいくにはどうするか，具体的に説明する．

本書の主なテーマは次のとおりである．

- 知識と技能は継続的に進めていくことで獲得される．

はじめに

- 明確な，観察可能な目標をもつ(自信をもつ，ストレスを管理する，あいまいな評価はなくす，自己主導型学習がきちんとできる，エネルギーを集中させる，実際の問題をうまく解決する)．
- 系統だったやり方をしていない場合は，どのような技能も上達しない．技能を向上させるには，まず技能をいくつかの課題に振り分け，その課題を実施してみて，課題をどの程度達成できたかのフィードバックを得て，振り返りをして，その課題はどのように実施したらよいのか，研究の成果から学び，目標を設定して，その目標に向かって進んでいく．本書では，このような方法を概説し，適用する．
- たどってきたプロセスを検討し，振り返ってみる．日記のように書きとめてみる．こうすると，自分の技能に自信をもつことができる．
- 目標に合った，測定可能な達成基準をつくる．
- 本書はPBLとその考え方の1つの枠組みである．いくつかの大きなテーマとその関係を示している．また，PBLにとって非常に重要な問題について説明している．さらに深く学習する必要がある場合には，それに必要な資源を紹介している．

マクマスター大学医学部の多くの方々，特に学生や同僚の方々の助言や助力，示唆や励ましがなかったならば，本書が生まれることはなかったであろう．また1985年以降の化学工学のクラスの学生の方々に感謝の意を表したい．彼らは，40人以上の学生からなるクラスに対してもSDL (self-directed learning：自己主導型学習)とPBLの方法を進めていけるよう，この方法を生み出し，発展させ，適用できるよう助けてくれた．SDLとPBLの方法は，マクマスターの問題解決(MPS：McMaster Problem Solving)プログラムに不可欠のものである．

本書の基礎となっているMPSプログラムは，問題解決や意思決定，対人関係，グループプロセス，チームづくりや生涯学習についての50以上もの広範な技能の訓練を行うために，20年以上の歳月をかけてつくられてきたものである．このプログラムには，長期に及ぶものでは120時間の実践的訓練を行うものもある．例えば第3章で述べる必須の基礎的な技能は，MPSプログラムでは20単元から構成されている．本書では，特に重要なことだけを扱っているので，詳細についてはそれぞれMPSの個別の単元を参照していただきたい．

「新しい教材によるモデルスクール」の学生であるAndy HrymakとHeather Wrightの2人は，本書の基となっているノートを練り上げるにあたって，大いに助けてくれた．またマクマスター大学のVic Neufeld, Doona Mitchell, Elizabeth Brain, Luis Branda, Geoff Norman, そしてChris Woodardの各氏は，それぞれの専門領域の知識を惜しみなく提供してくださった．教育開発センターのAlan Blizzard氏とDale Roy氏，また化学工学科の同僚，特にAndy Hrymak, Phil Wood, Bob Marshall, Les Shemilt, Cam Crowe, Terry Hoffman, Kim Woodhouse, Kyle Bouchard, Joe Wrightの各氏は，PBLの開発を助け，励まし，支えてくれた．

マクマスター大学の作業療法学科と理学療法学科のJean Crowe氏とPatricia Solomon氏，トロント大学薬学部のLinda Muzzin氏とWendy Duncan-Hewitt氏，ユタ大学教育開発部部長Neal Whitman氏，オーストラリアのセントラル・クイーンズランド大学のMarlene Roadruck氏，オランダのデルフト工業大学の

はじめに

Erik de Graaff 氏，そしてカールトン大学の Geza Kardos 氏には，本書をよりよいものにするための多くの助言をいただいたことを感謝する．

Erik Hawkins 氏と Brian Decker 氏には，本書の発行にあたり尽力していただいた．

最後に，「推薦のことば」を寄せてくださった Kinsey Smith, Helen Saarinen, Linda Strand, Alistair Summerlee, Ken Brown, Beau Jones, Pierre Zundel, Charley Wales, Karin von Schilling の各氏には，提言をいただき，PBL に即した文献を引用のために紹介してくださったことを感謝する．

Donald R. Woods
1994 年 7 月

目　次

日本の読者の方々へ ………………………………………………………… iii
訳者序文 …………………………………………………………………………… v
推薦のことば …………………………………………………………………… vii
はじめに …………………………………………………………………………… xi

第1章　変化に対する準備ができているか ……………………………… 1
　　1．変化に対処するための「悲嘆」のプロセス …………………… 1
　　2．「以前のもの」と「新しいもの」との主な違いを把握し，PBL
　　　　に応用する ……………………………………………………………… 5
　　3．ストレスや時間，怒りの管理テクニックを活用する ………… 6
　　4．目標を設定し，記録を残し，進歩を見極めてやる気を出す … 10
　　5．まとめ …………………………………………………………………… 11

第2章　問題にもとづいた学習（PBL）とは ………………………… 13
　　1．PBL とはなにか ……………………………………………………… 13
　　2．PBL の長所と短所 …………………………………………………… 15
　　3．PBL 形式を最大限に活用する …………………………………… 17
　　4．まとめ …………………………………………………………………… 17

第3章　問題解決のスキル ………………………………………………… 19
　　1．自信をもつ．「私はしたい，私にはできる！」………………… 21
　　2．問題解決のプロセスを理解する ………………………………… 22
　　3．自分の問題解決のプロセスを知る ……………………………… 24
　　4．課題を確認し，問題を慎重に明らかにする …………………… 24
　　5．計画的に順序よく物事をすすめ，監視する …………………… 27
　　6．創造力を豊かにする ………………………………………………… 31
　　7．基準を設定し，意思決定をする ………………………………… 32
　　8．知識を要領よく活用する …………………………………………… 34
　　9．チューターの役割 …………………………………………………… 37
　　10．まとめ，進歩の監視法 ……………………………………………… 37

第4章　小グループの PBL ………………………………………………… 41
　　1．小グループの PBL …………………………………………………… 41
　　2．グループワークの長所と短所 …………………………………… 41
　　3．小グループ・PBL 形式を最大限に活用する …………………… 43

xv

　　　　4．まとめ……………………………………………………………43
第5章　グループ・スキル………………………………………………45
　　　　1．自分自身に対して気楽になり，他の人の考えの多様性を尊重する…………………………………………………………47
　　　　2．人間関係の重要な基本を実践する………………………………47
　　　　3．グループの中で有用なメンバーであること……………………51
　　　　4．議長をきちんと務める……………………………………………55
　　　　5．意見の対立に建設的に対処する…………………………………57
　　　　6．扱いにくい行動に対する反応を緩和する………………………57
　　　　7．チームをつくる……………………………………………………58
　　　　8．まとめと成長の監察方法…………………………………………59
第6章　自己主導型・相互依存型・小グループによるPBL……63
　　　　1．学習のための選択肢………………………………………………63
　　　　2．自己主導型・独立型学習…………………………………………65
　　　　3．自己主導型・相互依存型学習……………………………………65
　　　　4．自己主導型・相互依存型・小グループのPBLの形を最大限に活用する…………………………………………………………66
　　　　5．まとめ………………………………………………………………66
第7章　自己主導型・相互依存型学習のスキル……………………67
　　　　1．学習の基礎を応用する……………………………………………69
　　　　2．熟練した独立型学習者とは………………………………………75
　　　　3．熟練した相互依存学習者とは……………………………………77
　　　　4．すべてを1つにまとめる：授業活動……………………………78
　　　　5．まとめ，モニターのしかた，フィードバックの返しかた……78
第8章　自己主導型・相互依存型・小グループによるPBLの自己評価………………………………………………………………83
　　　　1．自己主導型・相互依存型・小グループによるPBLの自己評価とは………………………………………………………………83
　　　　2．評価をする力を与えられることの長所と短所…………………85
　　　　3．自己主導型・相互依存型・小グループのPBLの自己評価を有効に利用する………………………………………………………86
　　　　4．まとめ………………………………………………………………86
第9章　自己評価のスキル………………………………………………87
　　　　1．どのような内容か…………………………………………………89
　　　　2．目に見える目標とは………………………………………………89
　　　　3．基準の選択…………………………………………………………93
　　　　4．どのような情報源か………………………………………………95
　　　　5．裏づけとなる証拠は何か…………………………………………96
　　　　6．アセスメントの目的は何か………………………………………96
　　　　7．どのような条件の下で評価がなされるのか……………………96

8．だれが評価をするか……………………………………………97
     9．評価にはどのような標準が使われるか…………………………97
    10．評価の結果はいつ発表するか……………………………………98
    11．結果が発表される状況はどのようなものか……………………98
    12．評価プロセスにおいてどのような訓練や観察をするか………98
    13．自己評価……………………………………………………………98
    14．自己主導型・相互依存型・小グループの PBL の自己評価……99
    15．チューターの役割を理解する……………………………………99
    16．まとめとフィードバック…………………………………………99

第10章　まとめ……………………………………………………………101
     1．柔軟性をもつ：様々な PBL へのアプローチを予測し，理解
         する……………………………………………………………102
     2．すべてのスキルに取り組む………………………………………102
     3．継続的にスキルを豊かにする……………………………………103
     4．常にコミュニケーションを積極的に行うこと…………………104
     5．我慢する……………………………………………………………105
     6．監視をして，互いにフィードバックを頻繁に与える…………105
     7．チューターの役割を理解する……………………………………105
     8．楽しむ………………………………………………………………105

付録 A　Perry のモデルのためのフィードバック………………………107
付録 B　フィードバックの用紙……………………………………………109
付録 C　MPS（McMaster Problem Solving）の抜粋……………………111

索引……………………………………………………………………………113

第1章
変化に対する準備ができているか

> **なぜ変化する必要があるのか**
> 　マリアは，それまでずっと満足していた．いつも高得点をマークしていた．彼女は，自分に何が期待されているかがわかっていた．授業に出て，指示された文献を読み，その科目で自分に何が期待されているのかを理解するために教授の話すことに真剣に耳を傾けていた．もちろん，宿題は必ず期日までに提出した．
> 　ある日新しい形式のクラスがあり，その最初の授業に出た．問題解決型・小グループ・自己主導型学習である．そこで，となりの友人に話しかけた．「自分が何を知る必要があるかを自分で見つけて，それをお互いに教え合わなくちゃならないの？　それは私たちのすることではなくて，教師のやるべきことじゃないの！」
> 　デイヴがそれに答えた．「聞いた話では，この授業は今まで僕らが受けてきたものとはまったく違うんだって．僕はこの授業を受ける準備ができているかどうか，自信ないよ．君はどう？」

　毎日決まった仕事をするのは楽なものである．何かが変わる時には，いろいろなことが起こる．私たち自身が変化を起こそうというのならば，私たちはそれをやり遂げるためにひたすら努力し，身を粉にして働くだろう．しかし変化が強制された場合，普通私たちは落胆する．その時には，家族を亡くした時ほどには劇的ではないが，おそらく同じように悲しむだろう．

この状況からわかることは何か
　すでに変化や自己主導型学習を経験している人もいることだろう．このような状況の問題と詳細をすでに知っている人は，この章をとばして次の章に進んでほしい．

この状況で問題となることは何か
　新しい冒険に積極的に取り組むための問題には次のものがある．
　1）変化のなかで積極的に自分の道を進んでいくために，悲嘆のプロセスに慣れる．
　2）変化のプロセスを，PBLを使う特定の状況に応用できるようになる．以前のやり方と新しいやり方の違いに注目する．
　3）変化をなし遂げるために，ストレスと時間の管理テクニックを使う．
　4）新しい経験から学べる「前向きな」ことについての自分の目標を立てる．

　以上のことを順に考えてみよう．自分の必要な答えが欲しい場合は，そこへ進んでもかまわない．

1．変化に対処するための「悲嘆」のプロセス

　変化への対処は人それぞれとはいえ，一般的に人は大きな変化にぶつかった場合，まず悩み，そ

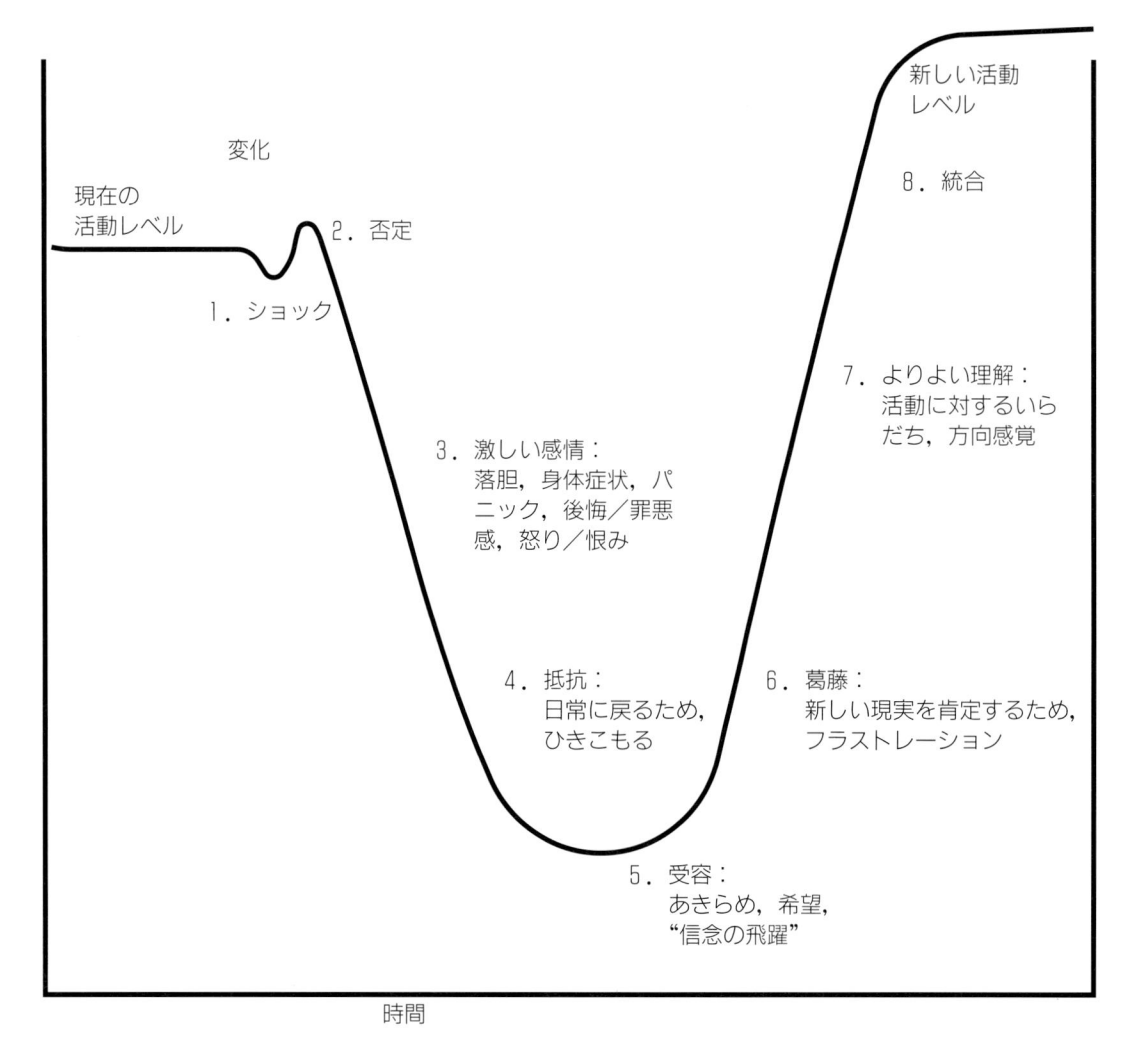

図1-1 変化に対する対処法のモデルとしての悲嘆のプロセス

して新しいものに適応するための8段階の悲嘆のプロセスを経なければならない。図1-1は悲嘆のプロセスを示している。表1-1は，Taylor(1986)が悲嘆の8つの段階を5つのステージに区切ってくわしく説明したものである。Taylorは，社会人が学生として学校に戻ったときに生じる不安定な状態を説明するために，このモデルを開発した。また表1-1の一番下の段には，このプロセスをどのように経ていくかについての提案が示されている。8つの段階とは次のものである。

1）ショック：活動が低下する。何が起こっているか理解しようとする。挫折感を味わう。
2）否定：「これは実際に自分に起こっていることではない」と否定することで対処しようとする。おそらくこのことに懸命になり，教師に対してPBLを使わずに授業を再開してほしいと考えることだろう。
3）激しい感情：自信を失い，自分のことを否定的にみるようになる。特に教師やこの変化を引き起こした張本人とみなす人物に対して，激しい怒りを感じる。
4）抵抗と引きこもり：1人でいたいと考え，変化が「去って」ほしいと思う。「今日のPBLの授業に出たくないんだ」
5）降伏と受け入れ：受け入れようとする。新しいアプローチがうまくいくかもしれないと，信念が急激に変化する。
6）新しい現実を認めるために葛藤する。新し

表 1-1　変化のプロセスの段階（Taylor, 1986 より作成）

1. ショック	2. 不安，怒り	5. 受け入れ 6. 葛藤	7. 方向感覚	振り返り	構成する	8. まとめ（統合）
「安定状態」の変化	方向感覚の喪失		模索する		新しい方向に向かう	伝え合う
不快：通常の基準が失われるために起こるフラストレーションと混乱	混乱，不安，緊張，怒り	自分や人を非難せずに問題を認識しようとする	正しい軌道に乗ってはいるが，どこへ向かうのかは確信がない	振り返る．考え方と経験を結びつけようとする	光が見えてくる！　内部で実際に変化が起きていることがわかる	変化に満足し，人に伝えたいと思う
	自信の危機，自分を否定的にみる，自責		変化を完全に解決しようとはせず，リラックスして変化を受け入れる			
	混乱の根源とかかわりのある人を遠ざける，不参加，チューターに対する攻撃や敵意	契約を再確認する．人を理解する．能力があることに気づけるよう助ける．混乱や問題の原因がわかる	直観による探索．現在を重視して「自分はいま何をしようとしているのか」を考える．人と協力する．自信を取り戻す	人と協力することを避けて引きこもる．変化のプロセスを心の中で振り返る	考え方と経験を全体との関連のなかで統合することを 1 人ひとりが開始する	重要な理解を人に伝える
前向きに進めていく方法．方向感覚の喪失や不安は前もって予測できることがわかる．変化のプロセスを検討する	自分の怒りを認める．怒りは正常なことである．人を避けたいという衝動に抵抗する	問題を明らかにすることに焦点を当てる．「チャンス」をとらえる	グループが結束できるよう助ける．変化のプロセスを活用し，前向きになる	振り返ってみる必要があることを人が理解できるように助ける（特に人によって変化のプロセスの段階が違っている場合）	自分の経験したことをレポートにまとめ，皆で発表しあう	意見の交換と評価のための時間をもつ．話し合い，振り返り，発見する

　　い目的を定めるための模索．

7) 方向感覚：自信を取り戻す．つまり，私たちは今度は「この新しいアプローチを成功させ」なくてはならない．これには反省と構成，新しい方向づけが有効である．この 3 つに関しては表 1-1 でさらにくわしく述べている．

8) まとめ（統合）：「新しいアプローチがうまくいっている！」　このような感情はどんな小さな変化にも伴うものである．図 1-2 に，悲嘆のプロセスとストレス，怒りとの関係が示されている．変化はストレスの引き金となる．Selye（1975, 1978）のストレスのモデルでは，体の反応と活動は時間の関数とされている．ストレッサーが最初にぶつかると（たとえばある変化を経験すると），最初に活動が「減少」する．これは変化のモデルでは「ショック」の段階に該当する．次に私たちが「通常の活動」に戻るまで対処していけるような，積極的な「抵抗の段階」をつくるように体が反応する．最初のストレッサーは，怒りにつながる自己対話をももたらすことがよくある．自己対話は，さらなる自己対話を呼ぶ怒りの引き金になる．怒りと欲求不満が増大する．活動のサイクルは下り坂になり，すべての努力が怒りを増すことに向けられる．図 1-2 に，この相互作用が示されている．変化はコントロールできないが（「PBL 形式ではこのような授業が行われる」），変化に伴うストレスと怒りの対処のしかたはコントロールできるものである．

4　PBL　判断能力を高める主体的学習

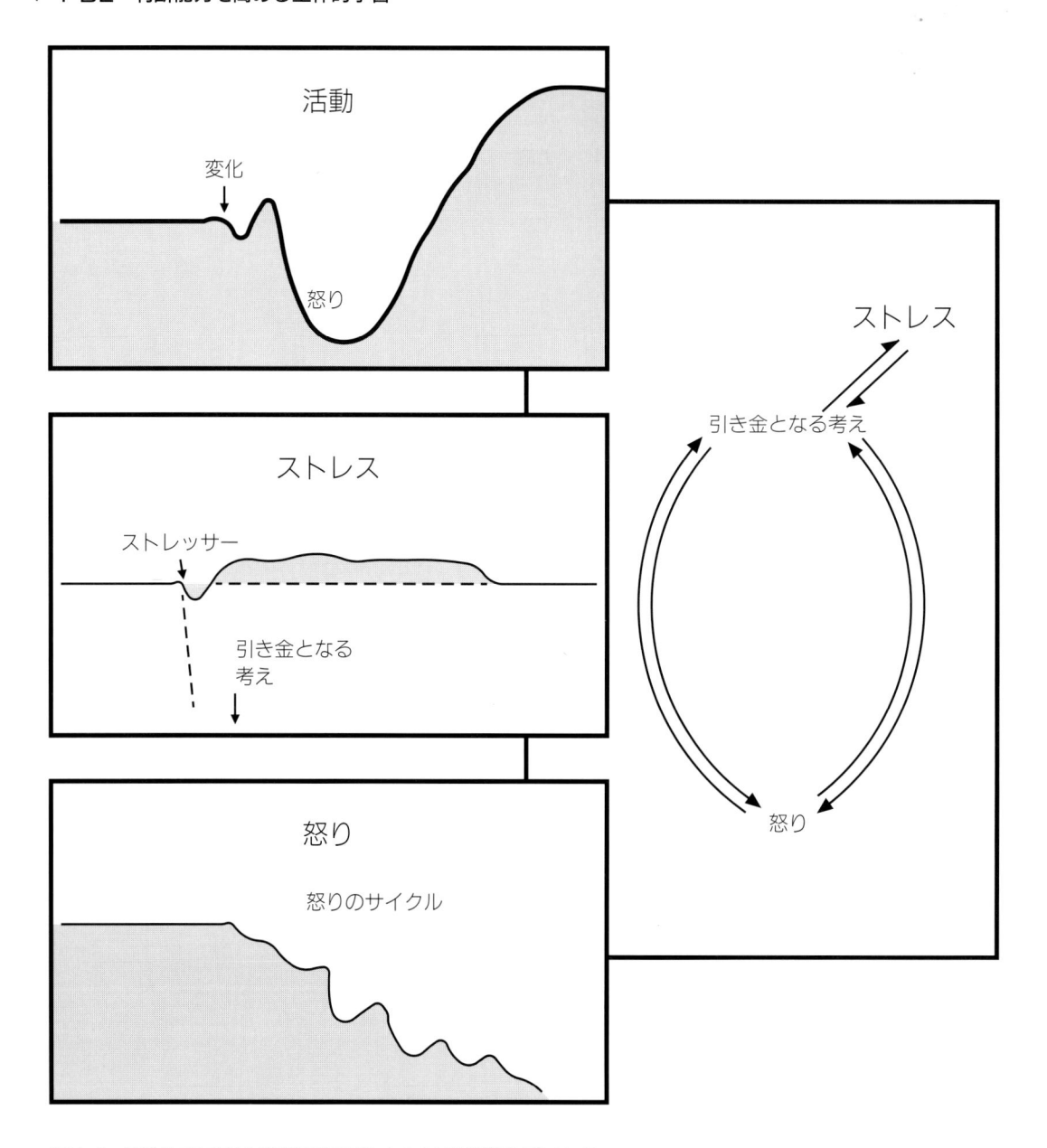

図 1-2　変化に対する対処法のモデルとしての悲嘆のプロセス

　要するに，変化を経験していくうちに学生が感じるであろう典型的な感情は説明のつくものであり，このような感情をもつのはごく当然のことである．そのプロセスのどの段階に自分がいるのかを認識し，系統立ててそのプロセスをやり遂げる必要がある．このような感情をすべて経験するわけではない．また経験する順番も異なることがある．しかし通常は，ここに記したようになる場合が多い．変化のプロセスを経験することを楽しんでほしいと思う．

　変化と悲嘆のプロセスの対処に関する一般的な考え方についてさらに知りたい場合は，Bridges (1980, 1991)，Woodsら (1993)，Westberg (1971) などの文献を調べ，自分が発見したことを仲間たちと話し合ってみるとよい．ストレスの管理，時間管理，怒りの管理などに関しては，本章の 3 と 4 で，その動機について提案している．

表 1-2 Perry の学習態度モデル (Perry, 1970)

考え方	Perry のスケール			
	1〜2	3	4	5
知識	すべての知識がわかる	大半の知識はわかるが、あいまいな領域もある	一部はわかっているが、確信がない。なんでもよい	異なる状況の中では異なる知識が必要である
問題に対する解答	正しいか間違っているかのどちらか		自分の答えも人の答えも正しい	絶対的な真実はない。解答は相対的であるが、状況が明らかになれば正答はある
教師, チューター, インストラクター	真実はインストラクターと本が知っている	学習方法を学生に教えることが役割	模範としての役割がある。しかし完全に見くびられることもある	指針を示し, 専門知識の源となるのが役割
学生の役割	受けとること	熱心に勉強し, 学習方法を学ぶこと	自分で考えること。独自の思考が望ましい	状況を把握する。最善の考え方を選択する
評価	試験の形式がはっきりしないと不安になる。「先生は何を期待しているのですか」と尋ねる。成績が悪いとだめな人間だと考える	重要な問題となる。量と公平さ。熱心な勉強＝高い評価	独自の考え方ほど高い評価を得る。成績の評価と人物の価値とを分けて考えることができる	評価に関して肯定的な意見と否定的な意見の両方を求める
優先的課題	定義を覚える	比較・対照する	分析する	統合する。さまざまな状況において考え方を検討する
困難な課題	対立する考え方のどちらが正しいか判断する。「教えてください」	答えではなくプロセスを重視する	主張を裏づける証拠を提示する。権威ある人の話に再び耳を傾けるようになる	どのような条件があてはまるかを判断する

2. 「以前のもの」と「新しいもの」との主な違いを把握し, PBL に応用する

前の節では一般的な変化のプロセスについて述べた。これは一生を通じて役立つものである。しかし, PBL による学習という特殊な状況ではどうだろうか。PBL のアプローチでは, 教師の役割, 学生の役割, 試験の役割, 期待される成果など, 多くのことが違ったものになる。Perry はその学習態度モデルのなかで, それぞれの主要な問題について説明している。それを列挙したものが表1-2である。PBL では, 学生は表のなかの5つのたての列から, あてはまる条件を見つける。つまり学生は, 知識をすべて知っていると考える（レベル2）のではなく, 異なる状況のためには異なる知識が必要だということを認識するのである。また学生の役割を「受け身」というレベル2の視点で見ずに, 学生のなすべきこととは, その問題に固有の状況を把握し, それにもっとも適した考えを選ぶことであると理解するのである。多くの学生はレベル2から4の間にいるといえる。というのは, 評価に対する姿勢という点ではレベル4だが, 学生の役割という点ではレベル2なのである。

あなたは学習に対する姿勢という点でどのような位置にいるだろうか？ 自分の姿勢について考えられるように, 表1-3と表1-4には質問の例をあげてある。5つの列にある「新しく期待されること」と, 自分の学習への「以前のアプローチ」を示す表の設問に対する自分の答えとの間に違いがあるだろうか？ 違いがある場合は, これから変

化を経験するということである．しかし皆さんはすでに，この変化の状況がどのようなものかをある程度知っているのだから，変化のプロセスをさらに効果的にやり遂げることができるだろう．

3．ストレスや時間，怒りの管理テクニックを活用する

変化には，ストレスがつきものである．実際，図1-2にあるように，変化はストレスの引き金になる．ストレスによって消耗してしまうこともある．特にPBLプログラムの学生は，3〜4週ほどで苦悩にぶつかることが多い．「自分はなにか学んでいるのだろうか」「正しいことを学んでいるのだろうか」「自分はどうしているのか」と自問する．このようなときは，自分がこれまでうまくやってきたということを思い出そう．これからもきっとうまくいくだろう．ここにストレスや時間，怒りの管理のしかたについての簡単な要約リストをあげておく．これを覚え書として利用してほしい．また改善への手引きとして，そして必要ならば関連文献の情報源としても使ってもらいたい．

ストレスの管理については，表1-5にそのテクニックをあげてある．このテクニックを思い出し，また自分の利用のしかたをチェックするために，この表を活用してほしい．この内容をさらにくわしく知りたい場合は，Hanson(1985)やMeichenbaum(1983)などの文献などを参考にしてほしい．

ストレスの管理に関係してくるのが，時間の管理と怒りの管理である．すでに時間の管理と怒りの管理をうまくやれる人もいることだろう．ここには，特に重要な考え方についての簡単な覚え書をあげておく．

時間の管理について重要と思われるのは，次のものである．
1）自分自身を理解し，評価する．
2）前向きの姿勢で，自分を自分の人生に責任をもつ者としてとらえる．
3）目的をもつ．

以上のことをすべてまとめた，より具体的な方法を次に示す．
1）前向きになる．すべてがうまくいってほしいなどと「期待して」はいけない．「なるようになるさ」とも言ってはいけない．自分自身と自分の目的に責任をもつこと！
2）個人的な目標と課題または短期的目標を自分に課すこと．短期的目標が長期的な目標のどこに位置するものなのかを見る．「私の個人的な目標は『すべての人に敬意をもって接することと，指導原理を応用すること』である．短期的目標は今年『彼』と一緒に過ごすことである．当面の目標は，今週3つの宿題をやり終えることである」
3）個人的目標と短期的目標の優先順位を決める．
4）問題を設定し，また予測する．
5）課題と意欲（やる気）の問題の両方に取り組む．「どの課題をまずやり終えなくてはならないか」「自分にどのようにして報奨や罰を与えるか，またどうやってやる気を維持するか」
6）生活上のバランスをとる．ストレスを管理する．
7）問題解決アプローチを利用する．

時間の管理のしかたの手順は次のとおりである．
1）自分のすべての個人的目標を理解する．
2）やるべき課題をリストアップし，何が期待されているかを確実に理解する．「何を創りだすべきか」継続的な接近の原則を応用する．この原則については第2章で説明する．
3）すべての課題をそれぞれかつすべての自分の個人的目標とともに視野に入れておく．優先順位をつけること．「睡眠不足で友人と仲が悪くなったり病気になったりしたとしても，この宿題を今やり終えて高得点をとるべきだろうか」
4）自分が使える時間（と得られる情報源）の総量と，それらをやりくりするもっとも有効な方法を考える．
5）ノーと言えるようになろう！
6）現実的な計画を立て，ありうる問題を予想する．これにどのように対処するかを考える．
7）観察する，自分にフィードバックを与える，やる気を起こす，自分自身とコミュニケーションをとる，自分の計画に変化を起こすなどのための方法を模索する．

これについてさらに知りたければ，時間管理に関して私がもっとも勧めたい文献であるCovey

表1-3　学習の嗜好についての調査項目（Gainen, 1987 より許可を得て掲載）

　下記のそれぞれの項目について，あなたの好みの授業あるいは学習環境をもっともよく説明していると思われるものを1つ選んで，○で囲みなさい．

1．学習指導で第1に重視することは：
　A．事実や概念，スキルや標準的な手順を伝えること
　B．考えや経験，意見を伝え合う，あるいは明確にすること
　C．理論や課題を説明すること
　D．理論や課題を評価すること
2．授業で扱うのは：
　A．1冊のテキストからの標準的なトピック
　B．教師の好みにもとづいて選ばれたトピック
　C．学生からの情報をもとに教師が選択したトピック
　D．学生が自分たちの興味を反映させて選んだトピック
3．授業で用いるのは：
　A．教師が選択し，すべての学生が使うトピックそれぞれについての教授方法
　B．それぞれのトピックについて，多様な教授方法の選択肢がある（例：個別授業，メディアを活用した教育，研究論文，グループワーク）．学生は自分の好きな方法を選択できる．
　C．学生の好みの学習形式を反映させるために，学生との相談を通して開発された教授方法
　D．学生が提案・実行し，教師が監督する教授方法
4．あなたは授業内容がどのように組まれることを望みますか．
　A．主題に対して1つの統一されたアプローチを扱う．
　B．トピックに関して2つか3つのテーマあるいは見解を扱う．
　C．トピックに関して多様なテーマあるいは見解をあげる．そのうちのいくつかは互いに反対の立場の内容である．
　D．そのトピックにおける主な見解の違いを明確に示す．
5．あなたはどのような教師を好みますか．
　A．その主題についてもっとも広く受け入れられている見方のみ扱う．
　B．多様な見解を平等に扱う．そしてそのすべてが等しく価値があり重要なものであることを強調する．
　C．さまざまな見解を体系的に比較し，その長所・短所を明らかにする．
　D．学生がそのトピックに関して自分独自の見解をもてるように，資料の分析方法を学生に示す．
6．あなたはどの手法を用いる教師を好みますか．
　A．形式に沿った講義で，できるだけ実例や視覚的な補助教材を用いる．あるいは講義に質問時間を設ける．
　B．学生が自分の意見を発表する機会をもてるように討議と講義を併用する．
　C．学生がトピックについての概念的関係や意味を探索できるような討議あるいは練習問題形式を用いる．
　D．学生が，その分野の問題や課題に取り組むために授業の資料を用いる必要があるような練習問題形式あるいは活動を行う．
7．あなたは，どのようなものにもとづいた評価を望みますか．
　A．多肢選択式，あるいは短い回答，客観テスト（○×）
　B．客観テストと，学生が主題についての自分の意見を表現できるような短い研究課題との併用
　C．学生が主題のある側面についてある程度深く追求することを求めるような課題あるいは試験
　D．学生がその授業の学習資料を統合することを求めるような課題あるいは試験
8．あなたが望む授業では，学習を成功させるために学生がまず第一になすべきことは何だと思いますか．
　A．重要な事実やスキル，手順，そして／または概念を学ぶこと
　B．2つかそれ以上の理論の考え方を完全に理解する．
　C．いくつかの理論やテーマ，あるいは方法論を関連づける(比較する，対照する，分析する，評価するなど)．あるいは課題を分析する．あるいは授業のコンセプトを用いて課題を分析したり不慣れな問題を解決したりする．
　D．ある立場からの主張を体系だてて発表する．構成をデザインする．その領域の問題についての新しいアプローチを開発する．授業での概念と見解を統合する．

　　合計　　A：　　　B：　　　C：　　　D：

(1990)を読むとよい．
　「怒り」は変化のプロセスに特徴的な感情のなかで，おそらくもっとも破壊的なものといえる．怒りはおそらく自分自身に向けられる．自分に変化を要求するものに向けられる．また怒りは，悪いときに悪い場所に居合わせた何の罪もない隣人にも向けられるだろう．ここに，怒りについての研究結果からの意見をあげてみよう．
　1）「あなたが」怒ることを選んだのである．怒りは生物学にもとづくものではなく，遺伝に

8　PBL　判断能力を高める主体的学習

表1-4　MooreとFitchの学習嗜好についての調査項目（Fitch, 1988より許可を得て掲載）

私たちはそれぞれ自分にとっての理想の学習環境をもっている．どうすればあなたがもっともよく学ぶことができるか考えなさい．ある特定の授業や特定の教師に焦点を当てることは避けてほしい．あなたにとっての理想的な学習環境の中での，その重要性に目を向けること．

34の質問項目のうち，10個を選んでください．あなたの理想の学習環境をもっともよく表現している文章のとなりにある番号に，しるしを付けなさい．番号は，この調査項目について話し合う際に，参照しやすくするためのものである．

私の理想的な学習環境は：
63　日常生活に利用できる実用的な課題を提供してくれる．
22　自分が知る必要のある理論と情報をすべて与えてくれる教師がいる．
74　自分がコースの内容やクラスの討論に関して大きな発言権をもっている．
72　授業で示されたことに関して，効果的に記録をとることができ，その情報を試験のときに再現できる．
13　授業での討論を重視するが，一方，教授が正しい解答を教えてくれることを期待する．
24　自分独自の意見をもつことができ，自分で考えることができる．
53　事前に取り決められた評価体系（宿題，テスト，学期末）による評価を行う．それがもっとも公平であると思う．
42　率直でわかりやすく，「ひっかけ問題」のない，つまり，教えられた内容のみで，その他は一切問われないテストを行う．
64　私は教授にだまされるのはいやなので，自分自身で学習させてもらえること．
73　教授は解答を教えない．教授は独力で解答を見つける方法を学生に示す．
95　学生が主体的に学習方法の選択を探索できるような，柔軟な授業が行われる．
44　私の意見が考慮される．しかし，私は事実にもとづいた証拠をもって，その意見を補わなくてはならない．
52　教授はすべての解答を知っている専門家である．
83　後に知る必要のある事柄に関連のある経験や題材を提供してくれる．
15　私が授業の教授・学習活動に貢献でき，学習は相互の経験である．
12　問題解決法について討論するというよりむしろ，正しい解答を導くことを重視する．
45　クラスメートを仲間としてだけではなく，情報源としてみなす．
14　独自な意見に対して高い評点が与えられる．
82　すべてのコースの活動や研究課題について，教授は明確な指導や案内を提供してくれる．
65　学習を重視する．そして，その科目を学びたいという動機づけが自然にできるようなところ．
33　その教材の学習に熱心に取り組めば，高い評点が与えられる．
55　ある特定の科目についてのみ，専門的知識の源となる教師についてもらえる．
54　級友や仲間から学ぶことができる．
35　新しい考え方について探索し，話し合うようなクラスの雰囲気がある．
43　多くの異なる学習方法を用いて学習することを奨励される．
84　自分独自の意見をもつ権利が友人に，与えられている．
25　試験とアセスメントは学習プロセスの一部分として位置づけられている．
62　私が知る必要のある情報をもっとも効果的に得ることができるために，講義形式であること．
23　教師としてだけではなく，解説者やエンタテイナー，そして友人として教師と接する．
34　内容を厳密に定めることなく，「自由で柔軟な」授業である．
85　学生が意見を交換でき，その問題に対する自分の見解を評価することができるようなワークショップやセミナーの雰囲気がある．
93　討論が促進されるようなリラックスした雰囲気がある．
32　質問に対する解答を，級友や友人からではなく，教授から集中して聴くことができる．
75　多様な教科領域を関係づけてとらえることができ，十分な議論を形成することを奨励される．

よるものでもない．つまり，怒りはコントロールできる．

2）あなたが他の人を変えたり，違った影響をお互いに及ぼし合うようにするということはできない．あなたが変えることができるのは，自分がどのように反応するかである．

3）怒りは高くつく．怒りを発散させること（他人に激しく当たること）で感情を和らげようとしても，本当の感情の軽減や持続的なカタルシス（感情浄化）につながることはめったにない．むしろ，さらなる怒りや緊張，刺激を呼ぶものである．怒りは健康を悪化させ，友人をも失う要因になる．怒りを表現したりコントロールしたりする術を知らなければ，緊張亢進をうむ．怒りをあらわにすることが高血圧につながるのである．

4）ストレスは怒りの原因にはならない．ストレスは怒りをあおり立てるものなのである．図1-2にあるように，人は怒りのサイクルをスタートする「引き金」になる自己対話に応え

表 1-5 ストレス管理のための監視チェックリスト

チェック項目	自分には必要ない	実行してみたい	実行できる	実行している
1．自分が管理する事柄についてのみ心配する．				
2．自分の体調管理をする．運動や食事，睡眠を規則正しく行う．				
3．刺激の少ない運動を行う．深呼吸や筋肉ほぐし．				
4．自分を肯定的にみる．決して否定的にはみない． 　自分に対するみかた： 　　わからない　非常に否定的　中立的　非常に肯定的				
5．前向きに計画を立てる．				
6．ストレスを起こすような出来事を改名する． 　　わからない　不安な名前を使う　中立的な事柄　肯定的				
7．家族や友人による支援体制がある． 　　わからない　だれもいない　少数しかいない 　　数人いる　大勢いる 　慣習による支援体制がある 　　わからない　何もない　少数しかいない 　　少しある　たくさんある				
8．自分の心を別の世界に導いてくれる，積極的な気分転換法を行っている：音楽，入浴，手芸，趣味				
9．決断力がある．				
10．「世界が終わるわけではない」という考え方をもっている．				
11．成功した人を役割モデルとしている． 　　わからない　だれもいない　少数しかいない 　　数人いる　大勢いる				
現在のストレス： 　症状	ない	ほとんどない	少しある	たくさんある
Holmes-Rahe(1967) あるいは Holmes-Gmelch(1983) による判定	<100	101-300	301-500	>501

て，怒ることを選択するのである．実際，McKay ら(1989)が述べているように，怒りの唯一の機能は，ストレスだらけの引き金である意識を解放または除外することによってストレスを取り除くということである．

　5）怒りを引き起こす自己対話は，だれかを責任をとるべき人間として特定する自己対話である．自分自身に向かって「彼らは……するべきだったのに」「だれが私にこんなことをしたのだろう」「私は犠牲者だ」などと言う．自己対話の引き金をひく2組は，「『するべきだ』と言う人」と「非難する人」である．

　以上のように，怒りを管理するには，自己対話をやめることである．

　怒りの管理に関してさらに知りたければ，Rogers ら(1989)に良い参考例とアドバイスが載っている．このテキストを補う『マクマスター問題解決プログラム』の資料は，『MPS52』の「対人関係のスキル」である．

表1-6　チャンスをつかまえるためのワークシート

変えたいこと			
課題	現状	望ましい状態	チャンス

4．目標を設定し，記録を残し，進歩を見極めてやる気を出す

変化にあたって「良くなる」可能性を見るためにすべきことは，次のことである．

1）現在の状況，すなわち「変わる前」の状況を確認する．生活はどうだったか．何をしていると心地よかったか．表1-6を使って答えを出してみよう．
2）未来の状況，すなわち「変わった後」の状況を確認する．生活はどうなるだろうか．
3）その機会によって得られる肯定的なことや否定的なこと，興味深い結果について，皆で話し合う．
4）その機会をうまく活用できるように，進歩の目標を設定する．
5）進歩を見極める．
6）自分がこのPBL活動にかけることのできる時間と優先順位を知るために，責務の記録をつける作業をする．図1-3は，責務の記録用紙の例である．優先順位と，1週間のうち自分が割くことのできる時間数を記録する．グループで作業をしている場合は，すべて記入し終わるまで人には見せないように伝える．すべて記入し終わったら，互いに見せ合う．グループにとっての意味を考える（私の考えでは，用紙に記録するからといって，それが「成績」をつける手段になるわけではない．このような目的はチームワークには適していない．報酬を受けるのはチームであって，個人ではない．この記録を，チームの他のメンバーがどのような所から来ているのかを理解し尊重するために利用してほしい．こうすることで，「そのチームの全員が役割を果たしているか」という問題について衝突が起こる可能性を小さくすることができる）．責務の記録については，Beckhardら(1987)がくわしく述べている．

変化に効果的に対処するために，次のことを提案したい．

1）我慢強くなること．時間をたっぷりとる．生活をとりまく外側の状況が急激に変わることがある．これはまったく新しい環境にいるということである．自分の内部をそれに合わせていく時間をもつこと．
2）一時的な構造を整える．内的な方向づけが行われているあいだに，実行する方法を編み出す．
3）行動のためだけに行動してはならない．他人にあたらないこと．軽率な行動を控えること．
4）変化のプロセスを把握する．内的に各段階

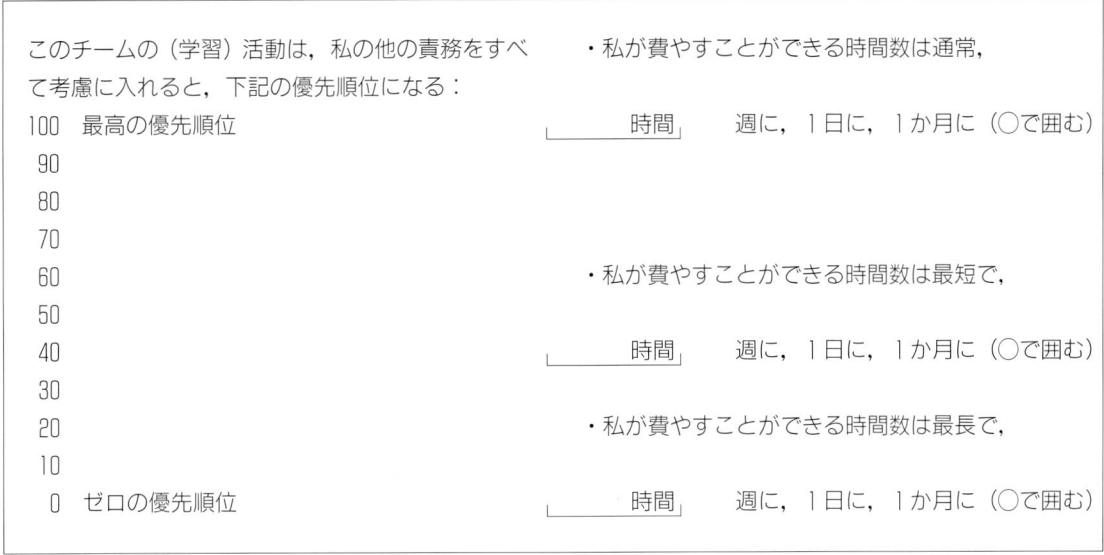

```
このチームの（学習）活動は，私の他の責務をすべ      ・私が費やすことができる時間数は通常，
て考慮に入れると，下記の優先順位になる：
100   最高の優先順位                              ┌─────┐
 90                                               │ 時間 │   週に，1日に，1か月に（○で囲む）
 80                                               └─────┘
 70
 60                                             ・私が費やすことができる時間数は最短で，
 50
 40                                               ┌─────┐
 30                                               │ 時間 │   週に，1日に，1か月に（○で囲む）
 20                                             ・私が費やすことができる時間数は最長で，
 10
  0   ゼロの優先順位                              ┌─────┐
                                                  │ 時間 │   週に，1日に，1か月に（○で囲む）
```

図1-3 責務の記録

を経ていく度に，自分自身を祝福してあげること．自分がなぜ不快になったり欲求不満になるのか，その理由を把握する．移行のプロセスを理解する．不安と怒りがいつ出現するか，その時期を予測する．「あなたへの接しかた」に関して他の人が恐れを感じたりよくわからないと考えることがあることを知っておく．昔の恐怖が呼び覚まされることがあることを知っておく．

5) 自分にとって有効なストレス管理テクニックを使う．あまり色々な方法で自分に気をつけなくてもよい．やりたいようにする．

6) 自分のネットワークを利用する．話せる人をもつ．

要するに，前向きな姿勢でPBLに取り組み，またなにか新しいことが始まるときにつきものの感情のジェットコースターに挑むことが大切である．あなたは，もうPBLを行う準備ができている！

5．まとめ

ここでは，変化についての背景となる概念，また変化に関する誤解を述べてきた．悲嘆のプロセスのモデルとTaylorのモデルは，変化のプロセスのなかで出会いやすい感情を説明している．

ここですすめた変化を管理する方策は，変化のプロセスを認識し，プロセスを（目的を設定し，抵抗を管理することによって）遂げる意欲をもつということである．

文献

Beckhard, R. and Harris, R.T.(1987)"Organizational Transitions: Managing Complex Change," 2nd ed Addison-Wesley, Reading MA.

Billings, A.G., and R.H. Moos (1981)"The Role of Coping Responses and Social Resources in Attenuating the Stress of Life Events," J. Behavioral Medicine, 4, 2, 139-141.

Bridges, W.(1980)"Transitions: making sense of life's change," Addison-Wesley; Reading, MA.

Bridges, W.(1991)"Managing Transitions: making the most of change," Addison-Wesley; Reading, MA.

Covey, S.R.(1990)"The 7 Habits of Highly Effective People," Fireside Book, Simon and Schuster, New York, NY.

Daitz, B."Learning Medicine," The University of New Mexico School of Medicine, 2400 Tucker Dr., Albuquerque, NM 87131.［videotape］

Fitch, Peggy (1988) personal communication.

Gainen, J.(1987)"Instructional Strategies Inventory," personal communication, Center for Teaching Effectiveness, University of Delaware.

Hankins, G. and C. Hankins (1988)"Prescription for Anger," Warner Books, New York, NY.

Hanson, P.G.(1985)"The Joy of Stress," Andrews, McMell

& Parker, Kansas City.

Holmes, T.H. and Rahe, R.H.(1967)"The Social Readjustment Rating Scale," J. of Psychosomatic Research, Aug, 213-218.

Holmes-Gmelch (1983) Personal communication from W. Gmelch, Washington State University, Pullman, WA.

McKay, M., P.D. Rogers and J. McKay (1989)"When Anger Hurts: quieting the storm within," New Harbinger Publications, Oakland, CA.

Meichenbaum, D.(1983)"Coping with Stress," J. Wiley and Sons, Toronto, ON.

Moore, W.S.(1987)"Learning Environment Preferences," Center for Applications of Developmental Instruction,

MPS 5 (1993)"Engage: "I want to and I can!," McMaster Problem Solving program, Department of Chemical Engineering, McMaster University, Hamilton, ON.

MPS 17 (1993)"Time management," McMaster Problem Solving program, Department of Chemical Engineering, McMaster University, Hamilton, ON.

MPS 52 (1993)"Interpersonal Skills," McMaster Problem Solving program, Department of Chemical Engineering, McMaster University, Hamilton, ON.

Perry, W.G., Jr.(1970)"Forms of Intellectual and Ethical Development in the College Years: a scheme," Holt Rinehart and Winston, New York, NY.

Selye, H.(1975)"Stress without distress," McClelland Stewart Ltd., Toronto, ON.

Selye, H.(1978)"The Stress of Life," 2nd edition, McGraw-Hill, New York, NY.

Suzuki, D. "Doctors of Tomorrow" from the CBC program "The Nature of Things," Filmaker's Library, 124 East 40th St., New York, NY 10016.

Taylor, M.(1986) "Learning for Self-direction in the Classroom: the pattern of a transition process," Studies in Higher Education, 11, 55.

Wales, Charley(1974)"Guided Design," Center for Guided Design, University of West Virginia, Morgantown, WV [videotape]

Westberg, G.E. (1971) "Good Grief," Fortress Press, Philadelphia, PA.

Woods, D.R.(1993a) "Participation is More than Attendance," Department of Chemical Engineering, McMaster University, Hamilton, ON.

Woods, D.R. (1993b) "The MPS SDL program," Department of Chemical Engineering, McMaster University, Hamilton ON. [videotape]

Woods, D.R. and S.D. Ormerod (1993) "Networking: how to enrich your life and get things done," Pfeiffer and Co., San Diego, CA.

第2章
問題にもとづいた学習(PBL)とは

ケース教授は，次のような質問をした．
「ここに故障したトースターがあります．これを直してください！　でなければ一歩ゆずって，少しでも使えるようにしてください」

一方，イングリッシュ教授は次のように講義を始めた．
「今日はまず，金属を通る電流について学習しましょう．その後で……」

ケース教授は，学習を導くために「問題」という状況を使っている．講義の科目名も言わなければ，買うべき教科書も，何を学習すべきかも言わない．私たちがわかるのは，次のことを発見する必要があるということだけである．

- トースターを動かすことに関する原理について知るべきこと
- 提示された問題を解決するために新しい知識をどのように応用するか

イングリッシュ教授は学習を導くために，その「科目」の学問とその体系を概説している．彼はいつも指定の教科書を使って，科目の名称にしたがった形でこれを行っている．ケース教授のように問題も使うだろうが，その方法は異なっている．イングリッシュ教授は問題を提示し，知識をどのように応用するかを説明する解決法を教えるのである．

どちらのアプローチも「問題」を使うが，その理由はまったく異なっている．ケース教授は学習を導くために問題を使い，イングリッシュ教授は学生が学習した「後」に，その知識をどのように利用するかを説明するために問題を使っている．

本章では問題にもとづいた学習(PBL)を定義づけ，PBLの長所と短所を検討し，PBL形式をどのように活用したらよいかを述べる．

1. PBLとはなにか

皆さんは，ある科目の内容について自分がすでに知っていることがいかに多いかを知って，驚くことがあると思う．しかし科目内容にもとづく学

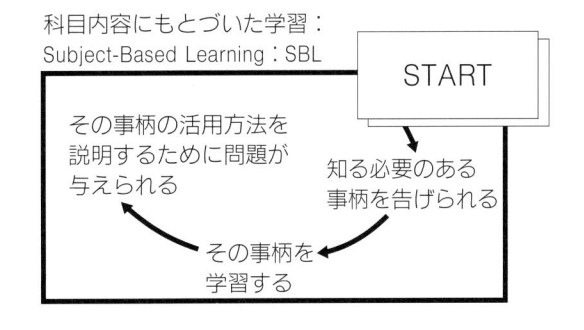

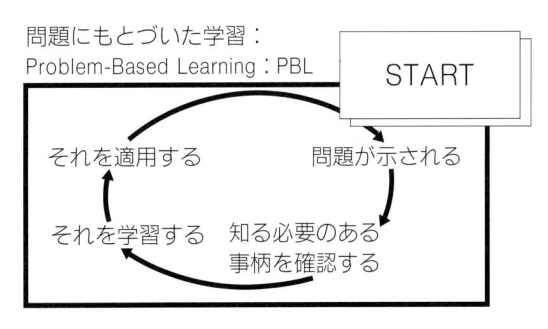

図2-1　科目内容にもとづいた学習とPBL

表 2-1 学習方法の選択肢

	責務		
	教師主導型	教師指導型	学生主導型
科目内容にもとづく	講義	PSI	自己学習
		宿題	
		級友同士の教え合い SDL 契約	
		協同学習	
	討議		
	ワークショップ		
	ゲーム，役割シミュレーション		ロールプレイ
問題にもとづく	ケーススタディ	「指導計画」	SG,SDL, PBL 研究

PBLの8つの課題

1. 問題を探求し，仮説を立て，課題を確認し，努力する．
2. 自分のもっている知識をもとに，問題の解決を試みる．自分の知識が問題の解決に適切かつ十分なものであるかどうかが，明らかになってくる．
3. 自分自身が知識として習得していない事柄を確認し，その上で新たに知る必要のある事柄を明らかにする．なぜなら，自分のそのような知識の欠如が問題の解決を遅らせるからである．
4. 学習するように期待されていることを，期待されている時期までに理解するように，学習ニーズの優先順位を決定し，学習目標・学習目的を設定し，学習資源（情報源）を割り当てる（確保する）．グループ内では，どの実行項目が適切か（役立つか）を確認する．
5. 自己学習および準備を行う．
6. グループ内では，新しい知識を効果的に共有しながら，グループのすべてのメンバーが新しい情報について学べるようにしていく．
7. 新しく習得した知識を問題の解決に適用する．
8. 新しい知識や問題の解決，用いた学習プロセスの効果を評価することによって，自分自身にフィードバックをさせる．そしてそのプロセスを反映させる．

習では，学生が知っていることがほんのわずかであると想定しており，したがって前もって決められた順序で情報を提示していく．学生はそれについてある程度知っているにもかかわらず，「なにかを間違えたら」すべてを読むように強制されてしまう．科目内容にもとづく学習は，教師（または教科書の著者）が学生に必要だと考えるものを提示しているのである．一方，問題にもとづく学習（PBL）では，「そこにある問題」に取り組むために「自分が」何を知る必要があるかを見つけることが学生の課題となる．図2-1では，科目内容にもとづく学習と問題にもとづく学習を対比している．

PBLは，研究プロジェクトであり，ケースメソッドであり，問題処理の状況であり，臨床での出会いであり，"指導デザイン"と呼ばれる教育的アプローチであり，そして自己主導型・自己評価型の小グループ学習であるといえる．教師主導型と学生主導型のどちらを選ぶかは，学生の活動を主導する責任を負っている者によって違ってくる．

表2-1は，私たちの学習課題の組み立てかたと責任の分配のしかたの相関関係を表したものである．PBLは学習課題の組み立てかたを扱っている．このように，伝統的な講義は「科目内容にもとづいた」そして「教師主導の」ものである．ケーススタディは「問題にもとづいた」学習ともいえるが，多くは「教師主導」である．本書で特に焦点を当てるPBLは，「問題にもとづいた」「学生主導の」「小グループによる自己主導型」PBLである．

だれが責任を負うかにかかわらず，PBLにとって重要なのは，問題状況を利用して，知る必要がある学習活動を導くことに焦点を当てるというこ

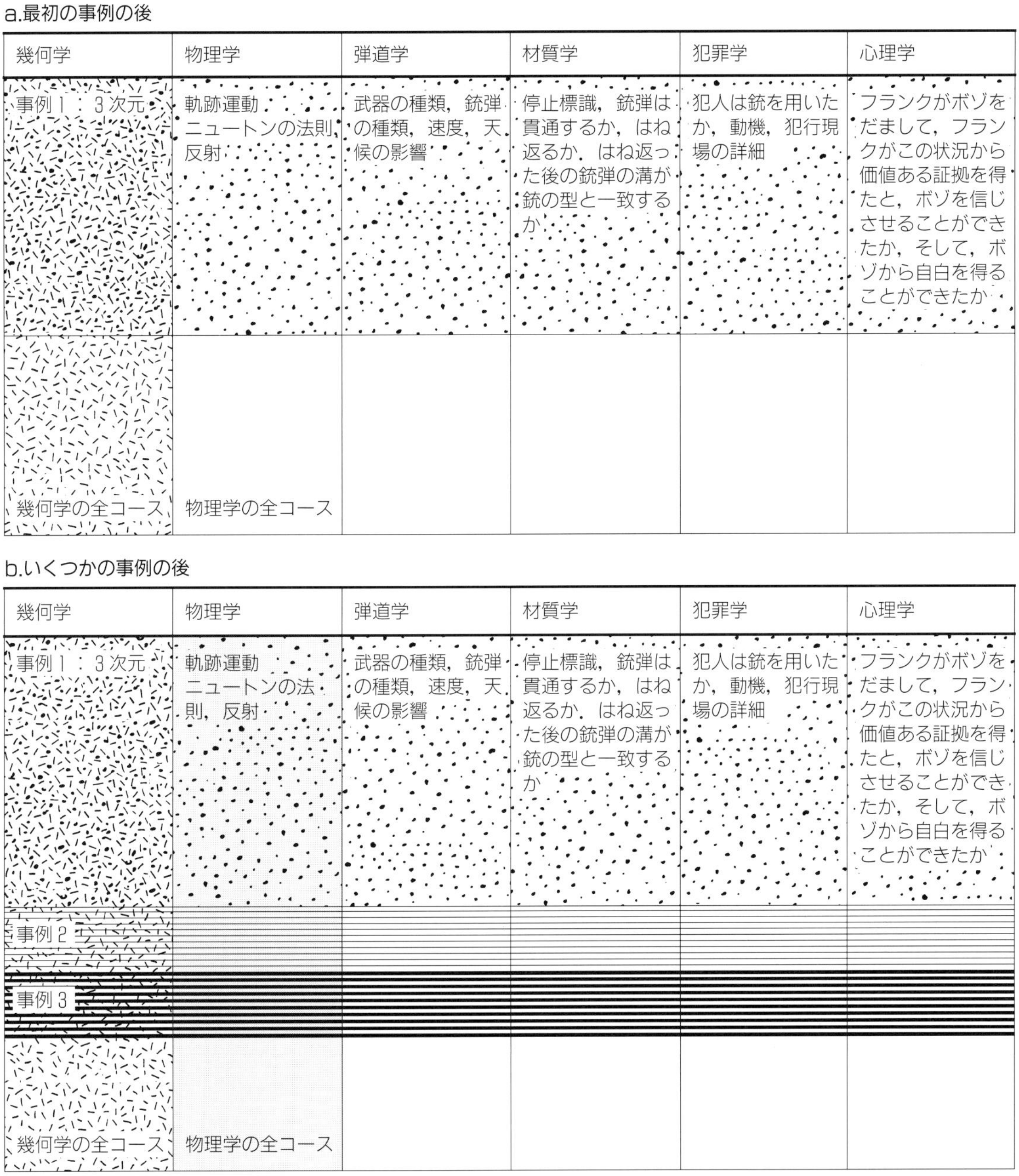

a. 最初の事例の後

幾何学	物理学	弾道学	材質学	犯罪学	心理学
事例1：3次元反射	軌跡運動ニュートンの法則	武器の種類，銃弾の種類，速度，天候の影響	停止標識，銃弾は貫通するか，はね返るか，はね返った後の銃弾の溝が銃の型と一致するか	犯人は銃を用いたか，動機，犯行現場の詳細	フランクがボゾをだまして，フランクがこの状況から価値ある証拠を得たと，ボゾを信じさせることができたか，そして，ボゾから自白を得ることができたか
幾何学の全コース	物理学の全コース				

b. いくつかの事例の後

幾何学	物理学	弾道学	材質学	犯罪学	心理学
事例1：3次元反射	軌跡運動ニュートンの法則	武器の種類，銃弾の種類，速度，天候の影響	停止標識，銃弾は貫通するか，はね返るか．はね返った後の銃弾の溝が銃の型と一致するか	犯人は銃を用いたか，動機，犯行現場の詳細	フランクがボゾをだまして，フランクがこの状況から価値ある証拠を得たと，ボゾを信じさせることができたか，そして，ボゾから自白を得ることができたか
事例2					
事例3					
幾何学の全コース	物理学の全コース				

図2-2　科目内容にもとづいた学習とPBLとの比較

とである．PBLの経験を通して皆さんを導く8つの課題を，ここにあげる．このうち特に4番と6番の課題は，皆さんがPBLを個人で使うかグループで使うかによって変わってくる．個人で使う場合は，6番の課題は除外したほうがよい．

2．PBLの長所と短所

1）PBLの長所

最初に，問題をもつことにより具体的なとりかかりが得られ，動機づけとなる．知識記憶型の方法は，記憶を想起したり将来その知識を利用する

のに役立つ経験と関連とを生み出す．特に，古い知識と新しい知識を問題状況にあてはめることで，知識は統合される．このように問題にもとづく学習（PBL）は科目内容にもとづく学習に比べると，新しい事柄を学び理解するのには，はるかにすぐれている．問題にもとづく学習は，幅広い科目や主題を総合する．これを象徴するのが，図2-2に示した「停止標識のへこみ」の事例における犯罪学上の問題である．

「停止標識のへこみ」の事例

フランク・コラスキー刑事は，銃が発射されたとき身長1.7mの容疑者ボゾ・アームストロングがどこに立っていたのかを正確に把握する必要に迫られている．彼は，弾丸が60度の角度で電柱に突き刺さっているのを突きとめ，また道路の上方2.3mにある金属の停止標識にくっきりとへこみがあるのを発見した．ボゾは，自分は標識に向かって立っていたが50m離れていたうえ，電柱の反対側から60度の角度の所にいたと主張している．弾丸の穴は地上3.2mの所にあった．電柱は標識から10m離れた所にある．

これまでの教育では，教師が幾何学について講義をして，学生はその幾何学の講義をすべてきく．そのあと，物理の講義を受ける．そして弾道学，材質学，犯罪学，そして心理学の講義をひととおりすべて受け終えたあと，はじめて「停止標識のへこみ」の事例に行き着くのである．この問題に取り組むためには，この6つの講義のそれぞれから選んだ一部を適用することになる．これを，いかなる講義をももたなかったPBLと比べてみよう．この問題を分析していくうちに，それぞれの講義から何かを知る必要があることがわかる．そして，講義に共通しているつながりを見つける．このように，PBLでは私たちは問題に合った情報を横の関連から収集する．それぞれから少しずつ学び，それを総合して問題を解決するのである．図2-2aは，ある1つの問題の状態を表したものである．図2-2bは，講義全体をとおしての部分部分を表している．科目内容にもとづくアプローチならば，幾何学や物理の講義を終えているだろう．

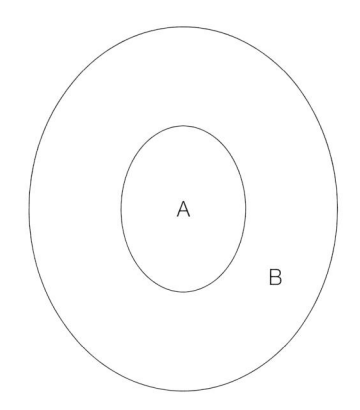

図2-3 絶え間なく広がる層の中で，連続的に知識を形成する

その場合，この2つについては多くを知っているけれども，その他についてはまったく知らないことになる．PBLのアプローチでは，魚雷で撃沈されたクルーザーの事例が次の問題になるかもしれない．このような問題は，幾何学では船のかたちに関する知識，また物理では浮力に関する知識というように広がっていく．このように，さまざまな学問にまたがる新しい知識の層を絶えず重ねていくために問題が使われる．図2-3には，Aという概念の上にさらにBという概念が層をなしている，層を重ねるプロセスが示されている．知識を継続的に積み上げていくというこの考えかたを身につけることは重要である．これを継続的進歩の原則と呼ぶことにしよう．

2）PBLの短所

PBLの短所としてまず最初にあげられることは，科目内容にもとづく学習に慣れているために，単にPBLが好きになれないということである．これまで，私たちは幾何学，英語，化学，数学などを学んできた．また，物理や生物，フランス語の試験を受けてきた．しかし私たちは，「停止標識のへこみ」の事例や「ハリー・ストレンジ」の事例を学ぶことには慣れていない．

2つ目の短所は，PBLでは各事例から学ぶことの量が少ないと感じ，もっと深く学べばよかったと考えてしまうということである．PBLでは，新しい問題を解決することによって，継続的にさらに多くの新しい知識を学んでいる．最初に考えるべき問題として，私たちは「すべてを知りたいと

思う」傾向がある．しかし，そんなことはできない．やろうとすればリソースを使い果たしてしまう．たとえば，私たちは「停止標識のへこみ」の事例では，幾何学に関することすべて，粒子力学に関することすべて，弾道学に関することすべて，材質学に関することすべて，犯罪学に関することすべて，そして心理学に関することすべてを知りたいと考える傾向がある．しかもすべてを3分で！ 1つの問題からすべてを「知りたい」と考える傾向をやめることを知るべきである．そうすれば，この具体的な問題のために「知る必要のある」ことを使って，少しずつ変えていくことができる（問題が終わってしまってからでも知識を豊かにすることはできる．しかし，そのケースを解決していないという範囲にまで詳細にわたって泥沼にはまるようなまねはしないこと）．細かいことが好みな学習スタイルの人にとっては，このようなことに取り組むことのほうがもっと重要な場合がある（個人的学習スタイルとそのかかわりについては第5章と第7章で触れる．これについて今すぐ知りたいことがある人は索引をみてほしい）．

3つ目の「短所」は，PBLでは同じ主題内容を学ぶにも，時間が多くかかってしまうことである．しかし実際には，「時間をむだにした」というのは幻想であり，そう思われることには次の2つの要因が関連している．
 1) 私たちはPBL形式があまりに気に入っているために，そのときに必要なこと以上に学ぼうとしてしまう．私たちは興味があるから学んでいるのであり，試験に合格するために学んでいるのではない．
 2) 私たちは知識を得ると同時に，スキルも身につけている．私たちが問題解決のスキルや質問するスキル，考えるスキルを適用していることは明らかである．ただ単に記憶しろといわれたことを記憶しているわけではない．

最後に4つ目の難題は，PBLは私たちが問題解決をうまくできると想定していることである．つまり，問題解決のプロセスを知っているという前提である．しかし，最初はおそらくそうではない．これから，「科目内容の知識」を学ぶと同時に，そのようなスキルを念入りに身につけていく必要がある．

3．PBL形式を最大限に活用する

学習という見地からすると，すべての研究がPBL形式の長所を指摘している．より多くのことをよりよく学び，知識は統合され，かつ想起しやすく応用されやすいかたちで記憶される．しかしこのアプローチを最大限に活用するためには，問題解決にあたって自分のスキルについて反省を重ねる必要がある．また，慣れ親しんだ科目内容にもとづく形式に戻るという支えにすがらないようにする．

4．まとめ

問題にもとづく学習とは，学習を行うために提示された問題を利用するものである．問題を分析することによって，問題解決に適した情報を定義づけ，必要な新しい知識が何かを特定し，新しい知識を学び，問題を解決するためにそれを適用する．学習プロセスをあとから振り返って考えれば，その経験によって多くを得ることができる．

PBLを実際に行ってみせているビデオが出ている．医学系ならばDaitzまたはSuzukiを参照すること．前者を特にすすめる．エンジニアリング系ならばWalesまたはWoodsを利用するのがよい．

文献

Daitz, B.(undated) "Learning Medicine," The University of New Mexico School of Medicine, 2400 Tucker Dr., Albuquerque, NM 87131.

Kardos, G.(1971) ECL-174 "To Find a Bullet," Center for Case Studies in Engineering, Rose Hulman Institute of Technology, Terra Haute, IN 47803-3999

Suzuki, D.(undated)"Doctors of Tomorrow" from the CBC program "The Nature of Things," Filmaker's Library, 124 East 40th St., New York, NY 10016.

Wales, Charley (1974)"Guided Design," Center for Guided Design, University of West Virginia, Morgantown, WV.

Woods, D.R.(1993)"The MPS SDL program," 24min videotape, Department of Chemical Engineering, McMaster University, Hamilton, ON.

第3章
問題解決のスキル

それは自然に起こるもの

「問題解決？　そう，僕は問題解決はすごく得意なんだ．そうでなかったら，今みたいに学校でうまいことやってないよ」　アンディは言った．

「どうしたらそんなにうまく問題が解決できるの」　アネットが尋ねた．

「わからないよ．問題をよく読んで最後までやるだけさ」

「それじゃ僕にはできないな」　ジェンが言った．

「でも，何度もいうけど，それは自然に起こるんだよ．ただ問題を解決してしまうんだ．でも自分がどうやっているのかは説明できないんだ」

ジェイソンが提案した．「僕らが『問題にもとづく』学習で一緒に勉強していく場合，最初に問題が提示される．自分たちがどうやって問題を解決しているかお互いに話し合えるスキルが重要になるよね．じゃあ自分がどうやって問題を解決してるのか，お互い説明することにしようよ」

問題解決は私たちが自然に行うものである．私たちはそれを自然に行っている．どうやって，どうして行っているのか尋ねられることはめったにない．また，他の人がやっている，自分とは違うやり方を見ることもめったにない．ある人にとっては有効なことが，別の人にとっては通じないということを認めることもしない．ここでは問題解決の能力について話そうとしているわけではない．そうではなくて，「自分の問題解決のプロセスについて説明する」能力について話すつもりである．

この状況について，既にわかっていることは何か

おそらく，自分の問題解決プロセスを説明するスキルをすでに身につけている人もいるであろう．また，自分の問題解決プロセスを説明した経験をたくさんもっている人もいることだろう．この状況の主な問題と詳細のすべてをすでに理解している人は，本章をとばして次の章に進んでいただきたい．

この状況では，主な問題は何か

問題解決にあたって使用されるスキルをいくつか図3-1に示した．問題解決のプロセスで主な問題となるのは次のことである．

1）自分の問題解決のスキルに自信をもつ．
2）効果的かつ効率的に問題を解決するために，どのような考えと姿勢をもつかについて，教育心理学者や認知心理学者が何を知っているか説明できる．
3）自分の思考プロセスをよく知り，それを他人に説明できる．
4）主な問題が何かを理解し，目標を設定し，問題を的確にとらえることができる．

20　PBL　判断能力を高める主体的学習

振り返り
実行
計画
探索
問題の明確化
私はしたい，私にはできる

視点を広げる　　　分類　関係性　一貫性
明確　　　　　　　　　　　　合理性
　　練習　簡略化　一般化　　分析　創造
不明確　　　　　　　　　　　　意思決定
誤解　　　　　　　　　　統合
　　タイプ　方略　ヒント　思考の要素　自分の意思
　　　　　　　　　　　　　　　　　他人の意思
　　　　　　　　　　　　　　　　　環境
　　　　　　　　　　　　　　　　評価

問題解決

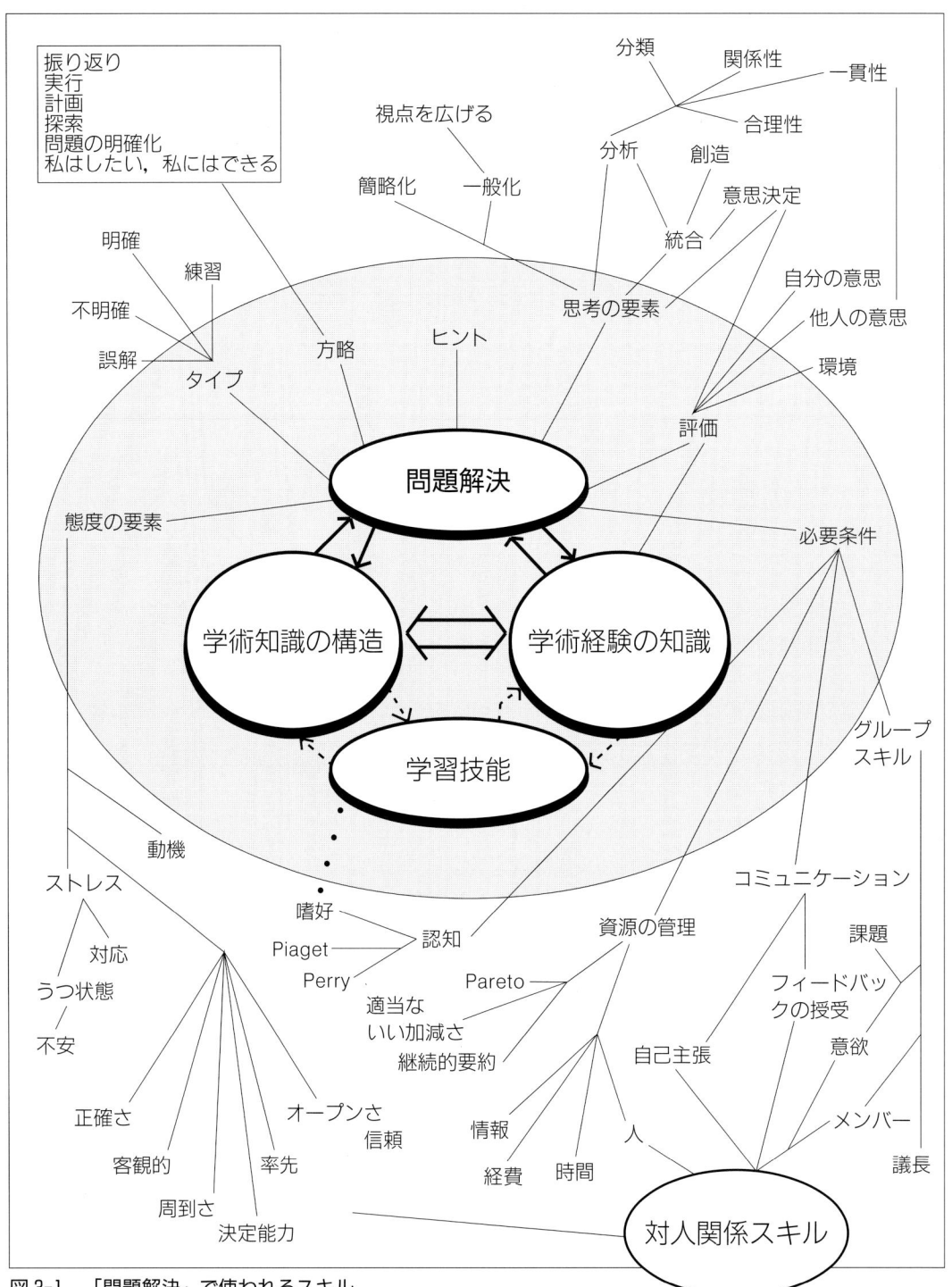

態度の要素　　　　　　　　　　　　　　　必要条件

学術知識の構造 ⇔ **学術経験の知識**

学習技能

　　　　　　　　　　　　　　　　　　　　グループ
　　　　　　　　　　　　　　　　　　　　スキル
動機
ストレス　　　　　　　　　　　　　　コミュニケーション
　　対応　　嗜好　　認知　　　　　　　　課題
うつ状態　　Piaget　　　資源の管理　　フィードバック
　　　　　　Perry　　Pareto　　　　　　の授受
不安　　　　　　　　　　　　　　　　　　意欲
　　　　適当な　　　　　　　　自己主張　メンバー
　　　　いい加減さ　　　　　　人　　　　議長
　正確さ　　継続的要約
　　　　オープンさ　情報
　客観的　　信頼　　経費　時間
　　周到さ　率先
　　　　決定能力　　　　　　　　　　　**対人関係スキル**

図 3-1　「問題解決」で使われるスキル

5) 自分がしていることを頻繁に監視し計画して，周到かつ順序よく進める．
6) 創造性を発揮して，数多くの選択肢と問題を模索し，さまざまな方略をためしてみる．
7) 基準を明確にし，それを利用して優先順位を決め，意思決定をする．
8) 要領よく知識を取り出し，活用する．

以上の問題を順に考えていくことにする．知り

表3-1 HeppnerのPSIによって測定された問題解決能力に対する自信

PSIの構成要素	平均	標準偏差	平均	標準偏差
各学部学生混合	2年生（N=100）		4年生（N=43）	
問題解決に対する自信	26.2	8.8	22.9	6.1
アプローチ回避	44.2	12.2	40.7	10.9
自己コントロール	17.5	4.8	17.0	5.5
PSI合計	87.9	22.2	80.7	19.2
工学部学生	2年生（N=256）		4年生（N=32）	
問題解決に対する自信	27.3	6.8	25.8	7.1
アプローチ回避	47.6	10.6	47.1	9.3
自己コントロール	17.4	5.2	17.6	4.3
PSI合計	91.3	18.5	90.4	16.3
訓練を受けた工学部学生	2年生（N=238）		4年生（N=202）	
問題解決に対する自信	27.6	6.7	20.9	4.6
アプローチ回避	47.9	10.8	36.9	8.2
自己コントロール	17.6	5.2	13.2	4.0
PSI合計	92.0	18.6	71.0	14.0

たいことがある場合はとばしてもかまわない．

1．自信をもつ．
「私はしたい，私にはできる！」

問題解決能力に自信をもち，難しい問題に挑戦しようとすることは，私の考えでは非常に重要である．残念ながら，このような自信をもてる人は少ない．ここで，ある研究の報告を紹介しよう．表3-1はHeppnerのPSI（Problem Solving Index，問題解決能力尺度，Heppner，1986）で調査を行った結果である．PSIは妥当性が認められた尺度であり，次の3つの要素からなっている．

- 問題解決の自信：問題解決能力に対する自信．
- 回避：難しい問題の解決に取り組もうとする意欲．
- コントロール：これはRotterの「コントロールの場」（ローカス・オブ・コントロール）に似ており，状況をコントロールしているという感覚の基準である（Rotter，1966）．

この3つの基準に関して，得点が低いほど自信があり，難題に取り組む意欲があり，コントロールできていることになる．逆に得点が高いほど自信がなく，問題に挑戦することを避け，コントロールできていないという感覚をもっていることになる．最低得点は32であり，最高得点は192である（Heppner and Petersen，1982；Heppner，1986）．Heppnerによると，さまざまな学部の学生を含む対象の基準データでは，学生は4年間の学部の課程の間，問題解決能力にほとんど自信を得ていない．2年生になるころは平均87.9点で，4年生を終えるころには80.7点となり偏差値は0.32上がっている．工学系の学生は2年生になるころには，

図3-2 ハンターが森に入ったときに出会う問題に対して2人の人間がもつ精神的イメージ

合衆国全体の対照群より自信が低く，卒業時もごくわずかな自信が得られたのみである．しかし，学生は大学の課程をとおして多くの実際例を掲載した教科書を読んでいるし，2500は優に越える宿題をこなし，自由記述式の問題を解き，教師から問題解決の方法を習っている．以上の結果は「4年間の大学での経験では問題解決の自信がほとんど，あるいはまったく得られない」ということを示しており，このことは別の研究でも裏づけられている（Rush et al.1985,1990）．

一方で，120時間のワークショップ・トレーニングを受けた学生は入学時の評価が92点であったのが卒業時には71点へと変わり，標準偏差値が1.13アップしていた．このワークショップでは本章で述べている8つの問題に主に取り組んだ（Woods et al.,1994）．これらの問題をよく考え，自分がどのように課題を行うか，進歩をどのように監視するかについてフィードバックが得られるようにしてほしい．

2．問題解決のプロセスを理解する

問題を解決するとき，人の頭脳はどのように働くのだろうか．認知科学では次のような考えが明らかにされている．

1）解決する問題というのは「私たちの内面にある，その問題の精神的イメージ」である．図3-2は，2人のハンターが狩りをするときに問題を解こうとしている場面である．ジョーは「彼が見た問題のとらえかた」にもとづいて問題を解こうとしているし，またジャニスは「彼女が見た問題のとらえかた」にもとづいて問題を解こうとしている．

2）思考の操作と実際の脳による問題解決プロセスは非常に狭い部分で行われている．脳のこの部分を，心理学者は「短期記憶」（STM：Short Term Memory）と呼んでいる．脳のこの働きをする部分は，一度に4つから9つの情報を保持することができる．それ以上の場合は「忘れ」てしまう．これを「長期記憶」（LTM：Long Term Memory）と比較してみよう．これは，それが必要になったときに短期記憶を利用するために呼び出される経験や知識の宝庫である．重要なのは，問題解決のプロセスの最中に短期記憶で実際に必要とする知識を使い，選択することに熟練する必要があるということである．実際，私たちはものを書きとめたり，表や図をつくったりしている．短期記憶の容量の制限が問題解決のプロセスを妨げないように，情報のグループや区分けをつくるのである．

3）問題解決は，私たちが長期記憶でもってい

る科目の知識と，狭い場所に詰め込まれた短期記憶のなかで観察し，選択し，想起し，利用するプロセスとの複雑な相互作用である．本章では特にプロセスに注目し，これを「問題解決」と呼ぶことにする．

4)「問題解決」と「練習問題の解決」とを比較してみよう．私たちは練習問題を解くときには，類似の問題を解くのにうまくいった過去の定例の解決法を思い出して利用する．いわば，前向きに解決を進める．すなわち，まず初めに事実に関する情報があって，その情報と過去の経験や目標との関連をみて，目標に向かって進みながら，これらをつなぎ合わせていく．一方，問題解決では，初めはどのように進めたらよいかはっきりしておらず，また事実に関する情報と目標とのつながりも明らかになっていない．いわば，後ろ向きに進むことになる．まず目標から始めて，目標と事実に関する情報とのつながりを探るために後ろ向きに進めるのである．Norman (1984) は，熟練した臨床医が行っていることの95％は練習問題型の問題解決であるといっている．

以上の特徴やその意味合いについてさらに詳しく知る必要がある場合は，Woods (1988, 1994a) を参照してほしい．

認知科学の研究に加えて，問題解決の上手な人は，問題解決のプロセスを進めるにあたって，次の5つの法則を使っているという．

1)「適当ないい加減さの法則」：これは，どのような状況の場合であっても，状況の解決のために使える適当ないい加減さの程度があるということである．これは，時にはいい加減で不正確なアプローチをしなければならない場合があるということである．もちろん，正確を期さなければならない場合もある．状況に応じて複雑な対応をすればよいのである．PBLでは，「この問題については何を知る必要があるのか」「このニーズを満たすための資源があるか」「資源がない場合，ニーズをどのように調整したらよいのか」を絶えず考えることによって，この法則を適用していく．PBLでは，入手可能な資源を求めて検討する価値のある問題のニーズや重要事項を要領よく明らかにするために時間をとる必要がある．

2)「継続的要約・継続的発展の法則」：これは，初めは手軽に取り組み，解答の重要なものから順番に取り組んで知識を得ていくということである．最初は大まかにとらえて問題を解決していく．次に，その解答が妥当なものに思われる場合は，より正確な情報をもとに問題を解決していく．そして解答の正確さを高めるために，さらに資源をつぎ込んでいく．そうすることで，前に進むことができる．最初は単純であれ！ PBLの状況では，これは重要な一般原理である．第2章で述べたように，人には「1つの科目ですべてのことを学ぼうとする」傾向がある．PBLは，広範な問題領域にわたって，解決すべき問題の文脈の中で知識を積み重ねるようにつくられている．自分が学びたい内容を重視するのではなく，まず第一に自分が学ぶ必要のある内容を重視し，問題を解決するために焦点を当てる必要がある課題を重視すべきである．

3)「Paretoの法則」すなわち「80%と20%の法則」を使って優先順位を定める．この法則は，利益あるいは結果の80%は20%の努力で達成されるというものである．したがって，売上の80%は20%の顧客からもたらされ，かかってくる電話の80%は20%の人からのものということになる．損害の80%は20%の原因から引き起こされるという推論が成り立つ．したがって，維持管理の80%は20%の原因で達成されることになる．Paretoの法則をPBLにあてはめると，問題の80%は課題の20%を正確に認識することで解決されるということになる．この重要な課題を見つけることに焦点を当てるようにしよう．

4)「満足の12対1の法則」：顧客の満足に関する研究から，1つの否定的な経験を打ち消すには12の肯定的な経験が必要なことが明らかにされている (Seymour, 1992)．この法則をPBLによる学習すなわちPBLに関する技能（たとえば問題解決技術）の習得に敷衍(ふえん)することができる．問題解決で1つの否定的経験をした場合，その否定的経験を打ち消すためには12の肯定的経験が必要になるという

ことである．
5)「問題の根源の85%と15%の法則」：問題の85%は規則や規制が原因となって生じている．残りの15%の問題は人的要因が原因である（Seymour, 1992）．これがどういうことかというと，PBLでは，課題を綿密に調べ，その事例や問題に応じて規則や規制に関する問題を検討していく．PBLにおいて自分がどのような機能を果たすかに関して定めた基本的な原則が進行を妨げないように注意する．

以上のように，問題解決を行う際に活用するプロセスや適用する法則については多くのことが既に知られている．それについてよく検討し，適用してほしい．

3．自分の問題解決のプロセスを知る

自信を獲得し，スキルを改善していくためには，問題を解決する際に頭の中で考えるプロセスを説明できなければならない．そうすれば自分のプロセスと，問題を上手に解決する人のプロセスとを比較することができ，悪いくせを排除し，解決の達成を促すことができる．次のことを行うと，あなたは必要な認識を深めることができる．

- Talk Aloud Pairs Problem Solving（ペアの1人が聞き手の役割を担当し，もう1人が話し手，つまり問題解決者の役割を担当する方法）を用いる．詳しくはWoods(1984, 1994a)，およびWhimbeyら(1982)を参照．
- テープレコーダーに吹き込み，その結果を批評する．

4．課題を確認し，問題を慎重に明らかにする

問題をうまく解決できない人は，何かを「する」ことに時間の大半を費やしがちである．一方，問題をうまく解決できる人は，「何を」なすべきかの決定に大部分の時間を費やす．一般には，問題解決にあてられる時間の約半分を，目標を明確にし，問題を明確にすることに費やすべきである．この作業はなかなか難しく，やりがいのあるものといえる．実際，これは非常に難しいことなので，図3-3に示されているように，問題の明確化の過程を3つの段階に分けるとよいということが，研究では示されている．次に，この3つの段階について説明する．

1）専念する：「私はしたい．私にはできる」

問題が生じていると思われるような状況に遭遇すると，私たちはまず与えられた問題文（PBLにおける初期問題のようなもの，あるいは本書の練習問題のようなもの）を読む．そして，問題を解決する必要がある状況や行うべき決定について，チューターが口頭で説明するのを聞く．次に事態を観察する．このように，私たちは与えられた状況や「問題」について，読み，聞き，見て，考えることに「専念する」．Larkin(1980)は，問題解決の上手な人は，問題解決の下手な人に比べて，最初の問題文を読むのに2～3倍の時間をかけていることを明らかにしている．問題文を注意深く読むことに時間をかけ，問題を提示している状況について学習することに専念しなければならない．与えられている情報のすべてを読むことである．それが終わったら，次は学習を継続するための動機を高めることが主な課題にある．問題を解決したいという意欲をもつ必要がある．また，その問題を解決できるという自信をもたなければならない．そうすることで，私たちは問題を解決できるのである．パニックに陥っても，それに打ち勝てるようでなければならない．この段階は主に，問題解決の具体的段階に進んでいく前の，精神的な準備段階である．「私はやりたい．私にはできる」と声に出して，この段階の雰囲気を感じとろう．以上が，「問題の明確化」という課題の3分の1を占める作業である．

2）提示された問題を明確にする

「問題の明確化」の次の段階は，「問題文が何を意味しているか」を理解することである．私たちはそのすべての言葉を理解しているだろうか．私たちの目的は，「問題を与えられたとおりに理解する」ことである．そのために情報を分析し，分類する．問題文に含まれる内容は通常，次のようなものである．

a．目的・目標，解決すべきこと，決定すべきこと，わからないことの数量，決定すべき価

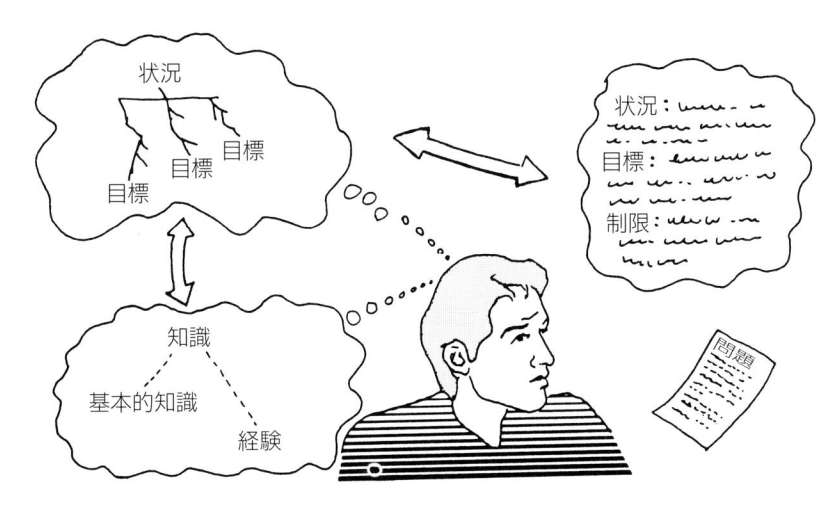

図3-3 「問題確定」の3つの段階

値，選択すべき選択肢，確認すべき特徴．これが，「私たちがするように求められていること」である．たとえば「要点を見つけなさい」などがその1つである．PBLの問題文のなかには，目標の記述がなく，状況が説明されているだけのものもある．

b．ある状況，状態，文脈(コンテクスト)．そこから得られる情報は何か．どのような枠組みでできているか．何が含まれ，何が除外されているのか．すでにわかっていることは何か．どんな状況なのか．

例をあげよう．

「ジェレミー・ブリッジウッドという11歳の男の子が，橋の上から10m下の小川の岩の上に転落した．彼は水中から助け出され，最寄りの病院に運ばれた．彼は病院までの搬送の途中，わずかに言葉を発したが，病院での検査では言語的反応はまったくみられなかった」(McMaster University Medical School, 1992より)

この事例には多くの疑問がある．彼を水中から助け出したのはだれか．小川はどのくらいの水かさだったのか．彼は水中に沈んでいたのか．病院に到着するまでに，どのくらいの時間がかかったのか．以上の疑問は一時保留にしておくことにして，与えられた状況と情報に注目してみよう．

・11歳の男の子
・10m下の岩の上に転落した
・転落した直後の一定時間，彼は話すことができた（詳細は不明）
・その後（病院到着後），言語的反応は皆無であった

c．制限：情報や解決法に関する制限，プロセスに関する制限．たとえば「この事例について検討できる期間は3週間とする」．

d．適切な解答であると判断するための基準．たとえば，「解答は初期基準を満たしていなければならない．また，証拠は仮説を実証するものでなければならない」　制限は基準というかたちで表されることが多い．たとえば，課題を20分以内に完了しなければならないという制限がある場合，目標到達の基準は「課題を20分以内に完了できたか」ということになる．このように，制限は基準となる．

この段階の任意の活動としては，絵を描くとか，学術用語を選び出す，課されそうな制限や基準について考える，問題文を目に見える形に視覚化させたり，方程式や記号にしたり，言語化したりすることなどがある．なぜ「任意の」という言葉を使ったかといえば，この段階では大部分の人が同じようなやり方をする一方で，「考えやすい」という理由で問題文をイラストや方程式にすることを好む人もいるからである．このような人は，目標を明確にしたり情報・状況について整理したり，あるいは制限や基準を明らかにしたりする前にこの変換作業を行うことを好む．それはそれでよいのである．自分の好みの方法を用いればよい．あくまでも焦点が当てられるのは，問題を解決することではなく，本当の問題を理解することでもなく，問題の精神的イメージをつくりあげることでもない．ここでは，与えられた情報を目標，仮定，制限，基準などのカテゴリー別に分類することに焦点が当てられるのである．これが，「問題を明確にする」という課題の第2の段階である．私たちは，「問題についてのすべての状況が記述されたか」あるいは「記述された目標は正しいか」を考えることで，この第2段階を監視する．

3）探索する

この段階はおそらく，すべての段階のなかでもっとも過小評価され，もっとも難しく，そしてもっとも理解されていない段階であろう．実際，この段階が1つの独立した段階として明確に認識されたのは，1970年代に入ってからのSchoenfeld(1979)やわれわれの調査(Woods et al., 1975)によってであった．この段階では，問題文や問題解決のバックグラウンドとなる科目についての知識・経験を用いて考えをめぐらせる．私たちはここで，「本当の」問題が何かを発見しようとする．そしてそれによって，再び状況の理解を試みるのである．この段階では，問題の解決や解答を探すことはしない．重要なつながりを探し求めるのである．私たちは妥当な仮定を発見するように努める．必要のないものはどれか，考察すべきことは何かを明らかにしようとする．このように探索していくことによって，さまざまな考え方の創造，分析，一般化，簡略化，解釈というようなスキルが，自分の視点を広げたり狭めたりすることに結びつくのである．この活動は複雑であり，個人によって大きく異なっている．

人は自分のイメージをつくりあげるときに，次のようなことを行っている．

a．その状況について，自分だけの豊かな心的

イメージを膨らませる．目標にかかわる記憶の中から，その前後関係やその前後関係の内外どちらにもかかわっていると思われるすべての特徴を思い出している．この作業を入念に行う．そして徐々に「問題に関する自分の最善の精神的表現」が定まってくる．

b．真の目標に関心を集中する．そのためにはまず，問題文を状況に関する自分の心的イメージにあてはめてみる．目標をいろいろな角度から分析し，それが本当に正しい目標なのかを探る．私たちは「これは本当に，私たちが取り組むのにもっとも価値のある目標か」という疑問をもつ．たとえばジェレミー・ブリッジウッド少年のケースの場合，真の目標とは彼を死なせないことなのだろうか．これは生命にかかわる事件なのだろうか．これとは別の観点から，他の子どもたちを橋から落下させないようにすることが真の目標であると主張する人もいるだろう．私たちは自分のもつイメージを修正し，調整していく．そうして徐々に「真の目標」が定まってくる．

c．その状況の重要な特徴を強調する．問題解決とは，「制限にしたがって」最善の答えを見つけ出すことであるということを思い出してもらいたい．制限は，複雑さの程度や，情報や入手可能な資源の量を決めるのに不可欠な要素である．私たちは通常，できるだけ問題を単純にすることによって，そのことを行う．私たちは何事につけても「仮定の単純化」をする．制限をなくす．「あれならどうか，これならどうか」という考え方をする．最終的にどのような答えが得られるかを知るために，より単純化されたものをまず解決する．推察し，そして間違う．初めは単純に！　私たちはその特定の問題において本当に重要なのは何かを知ろうと探る．こうして徐々に，そのコンテクスト（状況）の仮定がある一定の範囲に定まってくる．

d．答えを推測する．

e．目標を達成する方法，つまり問題解決の方法に関する選択肢や仮説を立てる．私たちは目標を達成するためのさまざまな方法を考える．状況についてのイメージをとらえなおし，真の目標を設定しなおし，想像力を駆使して多くの選択肢を考え出す．それによって，修正されたイメージと修正された「真の」目標を得て，「問題を解決する」方法についての見識を得ることができる．このプロセスは，今後何を行うかについての具体的提案に取り組みはじめる段階，すなわち「計画」の段階へと発展する．

この段階で監視のために考えるべきことは次のようなことである．「どのような見かたがもっとも単純か．このほかに適切な見かたや視点としてどのようなものがあるか．私が本当になし遂げたいことは何か．関連する問題すべてをもらさず含んで考えているか．この問題を解決したとして，それがどのような意味をもつのか．提案された意見の有用性はどうか．誤りをおかしたときには，『この間違いから自分は何を学んだか』を考えること．すべての選択肢をオープンにしているか．差し当たって，この段階を通過する準備はできているか」

以上のように，真の問題を明らかにすることは，極めて難しい課題である．これを誤ってしまうと，誤った問題を解決することになる．私たちは頭の中のプロセスの結果を見ることはできない．なぜなら私たちはそれぞれに，状況について自分だけのイメージをつくりだしてしまっているからである．私たちが解決するのは，そのイメージである．私たちは皆，それぞれ異なる方法でこの課題に取り組んでいる．ここに，そのカギとなるメッセージを捧げよう．

「この課題に取り組み，また他者のイメージに関する見解を得るために互いにコミュニケーションをとることに十分な時間をとりなさい」

5．計画的に順序よく物事をすすめ，監視する

ここでは，ある方法を利用する．その一例が，Polyaの提案した「明確化，計画，実行，振り返り」という4段階の方略である．読者の中には，既に自分独自の方法を編み出している方々もいることだろう．しかしグループによる問題解決においては，コミュニケーションをうまく図っていくために全員に共通する1つの方略が必要不可欠なので

28　PBL　判断能力を高める主体的学習

分析
コミュニケーション
創造力
評価
一般化，単純化
知的誠実さ
ストレス管理の喜び
動機づけ
粘り強さ
判断力

プロセスを振り返るためのエレベーター

読む，聞く

不安
ストレス管理
動機づけ，自信
危険：間違いをおかすことを恐れない
監視

評価する，確認し振り返る

専念する：私はしたい，私にはできる

分析：推論する
　　　分類する
　　　連続性や関連性を確認する

注意深く監視する
体系的に行う
あいまいさを許容する

分析
注意深さ
体系的
詳細なことにも注意を払う
監視

実行：計画を実行する

問題を確認する

解決を計画する

探索する：問題についての内的なとらえかたを生み出す

分析
　創造性を評価する
　一般化する，単純化する
　視野を広げる，解釈する
　自由研究を行う，学習資源を管理する
　基準を適用する，引用／想起／適用

知　識
経　験

知識の構造化

自分の好みを明らかにする

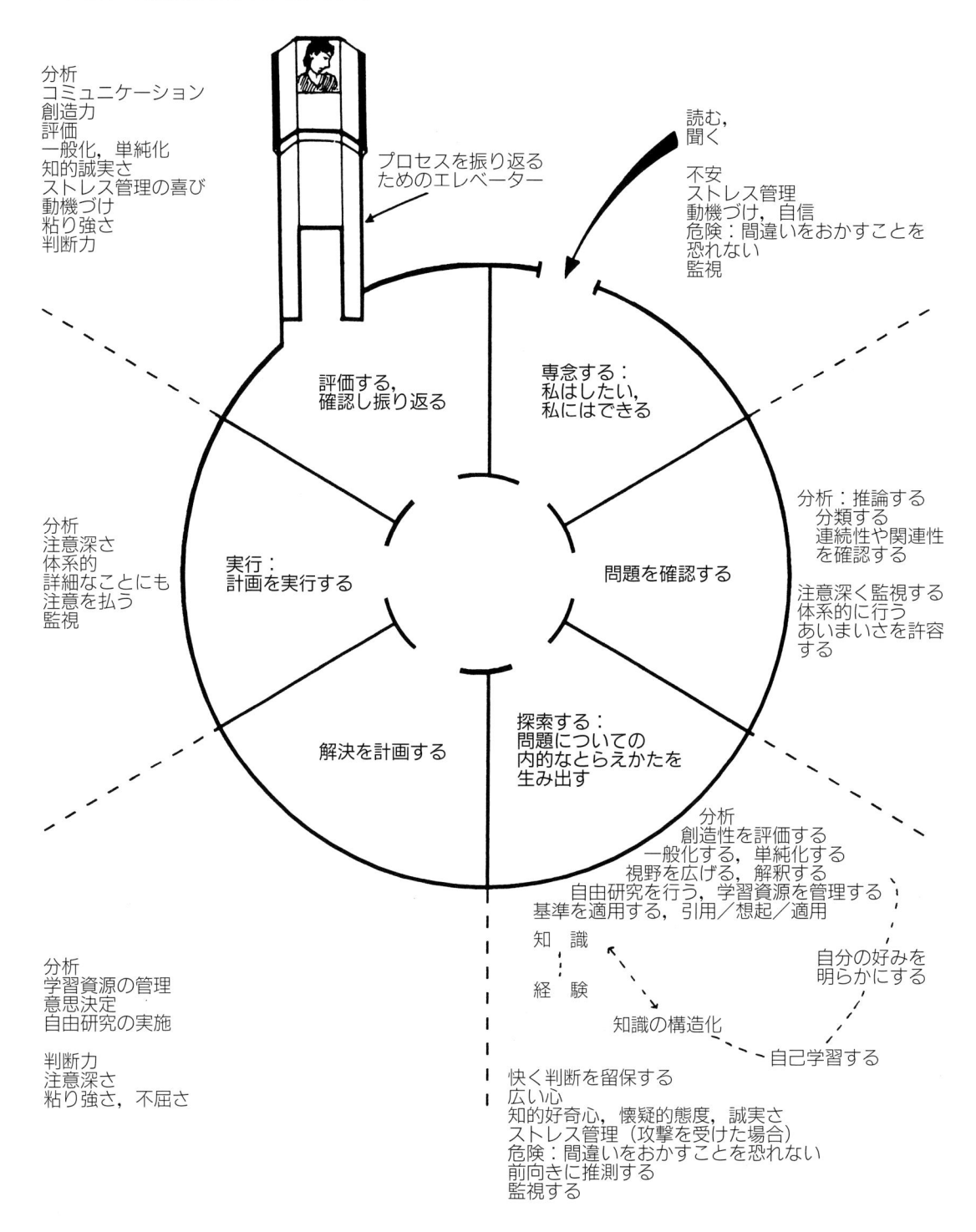

自己学習する

分析
学習資源の管理
意思決定
自由研究の実施

判断力
注意深さ
粘り強さ，不屈さ

快く判断を留保する
広い心
知的好奇心，懐疑的態度，誠実さ
ストレス管理（攻撃を受けた場合）
危険：間違いをおかすことを恐れない
前向きに推測する
監視する

図3-4　MPSの6段階方略とその各段階ごとの典型的な認知スキルと態度スキル

ある．これまでに提唱されてきた60以上もの方略に関する調査，そして本章の1にまとめられた研究の意味，また「問題の明確化」の3段階モデル（本章4を参照）にもとづいて，図3-4にまとめられているMPSの6段階方略を利用することをすすめたい．この図は，方略の各段階を，中央の円

をとりまく6つの空間で示してある．中央の円からは，周囲のどの空間にもアクセスすることができる．各段階のすぐそばには，用いられるべき認知スキルや思考スキル，必要とされる心構えが記されている．認知スキルと思考スキルは正字体で，一方，心構えは斜字体で示してある．このように，たとえば「専念する：私はしたい．私にはできる」の段階では，「読む，聞く」という認知スキルを用いる．必要とされる姿勢は「熱望，ストレス管理，動機，自信，リスク：間違いをおかすことを恐れない，振り返る」である．

「問題の明確化」のための3段階に加えて，計画する，実行する，振り返るの3段階がある．次にその詳細を説明する．

1）計画する

私たちは探索の段階では，何が問題か，そしてそれをどのようにして解決するかを大づかみにとらえる．探索と計画との境界線は，あいまいな場合が多い．この探索の段階が計画の段階へと発展するのは，細分化した問題やとるべき手段について詳細に計画し，収集するデータをリストアップし，検証すべき仮説を書きとめる作業にとりかかるときである．通常私たちは，復習，体系的な試行錯誤，問題の細分化，矛盾点や不明点の立証，推論などさまざまな方法の中から計画を選択していく（Wickelgren, 1974; Stonewater, 1976: Solow, 1982）．この段階で監視のために考えるべきことは，次のことである．

「よくまとまった計画とはどんなものか．この計画はよく構成されているか．この計画は適切か．計画の質はどのように評価したらよいのか．進展の程度はどのように監視したらよいのか」

2）実行する

計画を順序正しく，体系的に実行する．実際にやってみる．

3）振り返る

この評価の段階は通常，やるとしてもあまり十分に行われることはない．しかしこの段階は，成功したという認識や問題解決能力の向上にとって，きわめて重要な役割を担っている．課題を成功裏に終わらせたときに有頂天になるだけではなく，振り返ってみる時間をもつ必要がある．自分の解答が適切で間違いがないか，そして基準と目標とを満たしているかを確認しなければならない．問題を解決するために用いたプロセスを見直し，問題解決について学んだことを探索しなければならない．自分が体験し，将来においても有用と思われる「経験的要因」を明らかにできるはずである．さらに，同じ基本法則を用いて解決できるような別の問題をつくり出すべきである．このようにして私たちは，将来の出来事を予想し，それに備えるのである．このことに関連する活動としては，このほか手段を提供する，コミュニケーションを図り，同じ問題の再発生を防ぐ，などのことがある．このプロセスを監視するためには，次のことを考えてみるとよい．

「この段階をどのようにして終わらせるか．この段階をどのように監視すればよいのか」

4）移行する

これまで述べてきた6つの段階それぞれの後に，移行段階がある．図3-4では，中央の通路がそれにあたる．この段階は主に，次のようなことを考える監視の段階である．

- 自分はいま，解決を進めていくプロセスのどの段階にいるのだろうか．自分の進展の程度はどのようにしたら評価できるのか．
- 開始法を間違えてしまった場合，そこから価値ある要素を拾いあげ，それをたくわえておくにはどうしたらよいか．
- いま自分は何をすべきか．どのような新しい方法や段階に従うべきか．いま私が行った行動は，私の意思決定にどのような影響を及ぼしているか．
- 次の段階で得られる結果をどう予想するか．

この方略には，次の3つの注目すべき特徴がある．

1）この6つの段階は連続して現れるわけではない．なぜなら実際には，私たちがこれを連続して用いるわけではないからである．私たちは各段階を行ったり来たりする．ある段階に専念したかと思えば，それを見直して専念し，さらに探索して，そして次にはおそらく

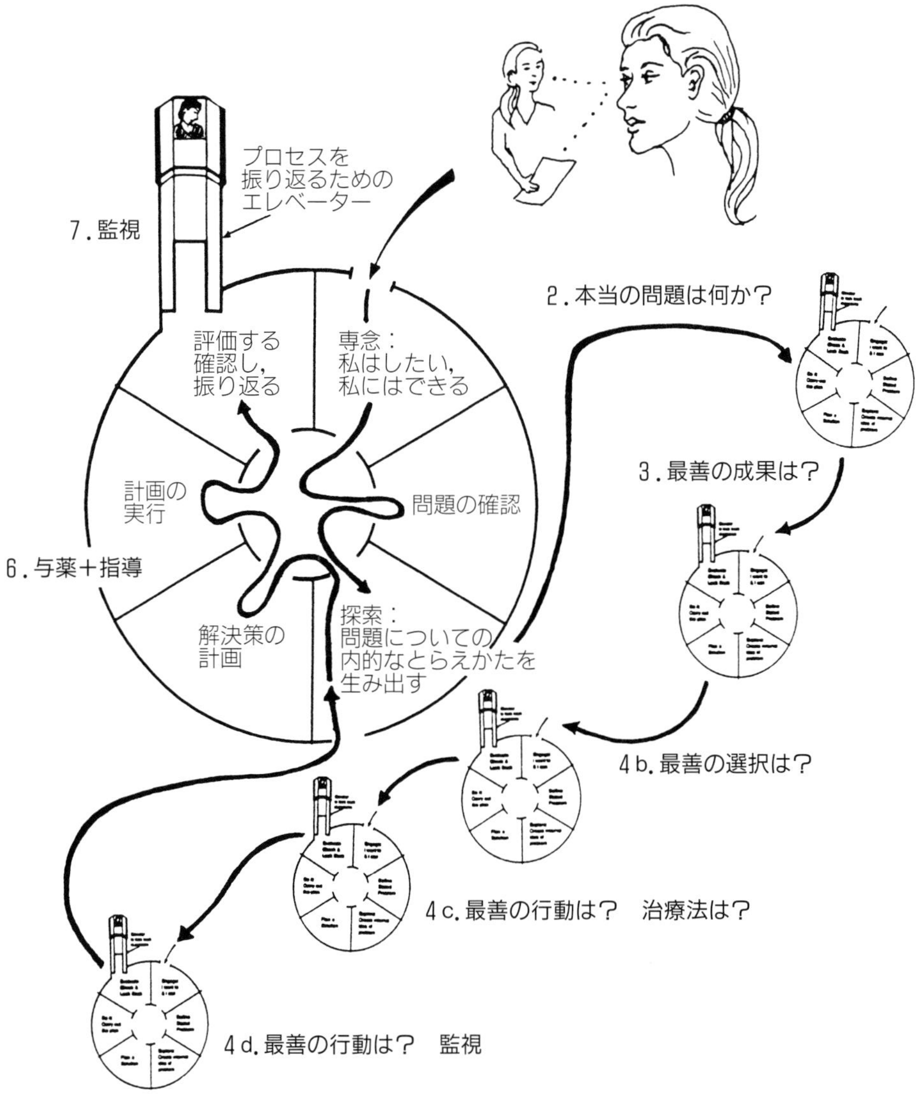

30　PBL　判断能力を高める主体的学習

図3-5　巣に図示した方略は，1つの問題解決に対しての，同一の「MPS」の6段階方略を多重的に適用する

再び戻って専念したりする．
2）これまで発表されてきた多くの方略とは異なり，「考え方の発見」とか「選択肢の作成」「分析する」などの言葉はどの段階の名称にも使われていない．その理由は，創造・分析などの思考スキルを，必要なときにはいつでも（段階に関係なく）用いているからである．ここでは，これらの思考スキルの使用を，1つの特定の段階に制限したりはしない．異なる段階において必要とされる態度と思考スキルを，図3-4に示している．

3）全体のプロセスを中断し，包括的な6段階方略をより小さな部分的な問題にあてはめようとすることがある．このように，6段階方略はいったん「巣籠もり」にされ，1つの特定の問題の解決に何度も用いられることがある．たとえば時計が13回鳴ったとすれば，6段階方略はまず「それを修理する」という全体のプロセスに適用される．それにくわえて，この方略はさらに3回，3つの部分的な問題にそれぞれ適用される．1つは時計のどこが壊れているのかを明らかにし，もう1つは修理

する，そして3つ目は再び起こらないように予防する，以上の3点である．このように，6段階方略はまず最初に全体の問題に適用され，「巣籠もり」にされ，そして3つの部分的問題にそれぞれ適用される．図3-5は，「巣籠もり」のもう1つの図である．この図では，薬剤師が直面している全体的な問題は「患者の問題を解決する」ということである．薬剤師は次のような段階を踏むことが多い．

段階1：患者の薬物療法に関する問題を明らかにする．データを収集する．

段階2：この患者のケースにおいて解決すべき本当の薬剤関連問題を明らかにする．本当の問題は何か．

段階3：それぞれの問題において最適と思われる治療結果はどんなものか．

段階4：治療法の選択肢にはどのようなものがあるか．

 4b：最善の選択肢はどれか．

 4c：その中で最善の治療法を選択する．

 4d：最善の監視プログラムを選択する．

段階5：薬剤師による薬剤の推薦および個別対応．どのような薬剤処方が決められるべきか．現在の治療法にどのような変化があるか．処方，服用法，服用期間はどうか．

段階6：介入：薬剤を指定し，患者に服用指導する．

段階7：薬物治療を監視する．望ましい結果が生じているかどうか，副作用が最小限にとどめられているかを，どのように確認すればよいか．また，どのくらいの頻度でチェックしたらよいか．

一見この方略はMPS 6段階方略とはまったく異なったものに見える．しかしその後，この段階の多くが細分化した問題の解決を必要とするものであることがわかってくる．細分化した問題を解決するために，方略のすべてを適用する．この事例では，精神的活動の大部分が，患者との最初の出会い（MPS 6段階の第1段階）から，薬剤を調達し服薬指導を行う（MPS 6段階の第6段階「実行する」）までの間で生じている．しかし本当の問題を明らかにし，成果を模索し，選択肢や行動，監視を選択するなどの介入段階は，それ自体が細分化した問題である．このように，図3-5にある

とおり，6段階方略すべてが適用されていることがわかる．すなわち，私たちは「1つの問題」を解決するために，同じ方略を何度も用いることができるわけである．

MPS 6段階のような方略を用いることの主な利点は，次の3つである．

1）難しい問題に直面したとき，方略を知っていれば初期の混乱を克服できる．

2）方略をもつことで順序立てて活動できる．

3）特に，そのプロセスにおける段階をよく知っておくと，自分の思考プロセスを監視し，振り返ることができる．監視する際には，次のようなことを行う．

- 考えを実際に適用する前に，その有用性を評価する．「私の予測では……」
- 細分化した課題が達成されているかどうかを評価する．「問題は明確になったか」
- 間違いからどのようなことを学んだか評価する．
- 最低でも1分に1回は監視する．「なぜ私はこのことをやっているのか」あるいは「これまで私は何をしてきたのか」

監視の詳細については，前述の6段階それぞれで示されている．

自分のプロセスを監視し評価していることを示す語句やフレーズを，声に出して言う練習をしなさい．

6．創造力を豊かにする

計画的で秩序だっているということは，直線的で連続的な思考になる傾向があるのだが，私たちは物事を柔軟に，そして側面から考えられるようになる必要がある．5分間で5つの問題について考えるよりも，50の問題を生み出すスキルを養うべきである．「ブレーンストーミング」という言葉がある．その原理は，次のとおりである．

- 考えに対する批判や判断はあとまわしにする．
- 他の人の考えを参考にするように努める．
- 考えを簡潔に表現する．物事がどのように進むかなど，詳しいことは必要ない．
- 考えを繰り返すことはかまわない．
- 一連の考えを再び最初から始めるという手段

- SCAMPER などのチェックリストを用いる．
- 奇抜な意見を提案する．
- 反対の意見を述べる．
- 無原則な語句を並列並記する．
- 境界を取り除く．

SCAMPER は下記の言葉や意味の頭文字を示す．
S means "substitute who? and what?"
　　　　　だれ，あるいは何の代わりか？
C means "combine"　結びつける　関連づける
A means "adapt"　適応させる
M means "modify"　修正する
P means "put to other use, purpose"
　　　　　目的などを使用する
E means "eliminate constraints, parts of the situation"
　　　　　状況の制約や割り当てを取り除く
R means "rearrange, exchange"
　　　　　再編成する

表 3-2　ブレーンストーミングを起こすためのきっかけ

を用いる．表 3-2 に，その手段を示した．

- 考えが出尽くしたと思ったときの沈黙や否定的な感情に積極的に対処する技術を身につける．
- 「ブレーンストーミングをやりましょう」と呼びかけてみる．そして全員が基本原則をよく知っていることを確かめる．表 3-3 は，それぞれのブレーンストーミング・セッションの進み具合をみるためのチェックリストである．創造性についてもっと詳しく知りたい場合は，van Gundy (1981)，de Bono (1972)，Isaksen ら (1985)，Woods (1994b)を参照のこと．

7．基準を設定し，意思決定をする

明確で測定可能な基準を使えば，よりよい意思決定ができる．基準とは，メリットを選択し，判定する尺度と定義することができる．たとえば，もっとも背の高い人を選ぶ基準は「身長」である．もっとも安いラジオを選ぶ基準は「金額」である．オフィスビルに最適な場所を選ぶ基準としては，賃借料や概観の美しさ，従業員の通勤距離，近隣の評判，近郊の設備などがある．この例では多くの基準があげられているが，測定可能な言葉で表現されてはいない．

ここで第 1 に必要とされるのは，意思決定をす

表 3-3　ブレーンストーミング用の監視チェックリスト

```
出された意見の数_____    活動あるいは問題_____

会議の中で：10 段階評価

詳細な意見がどれだけあったか    0    2    4    6    8    10
                               |____|____|____|____|____|
                               多い                まったくなし．すべてが
                                                  簡潔な意見

批判的な意見がどれだけ発言されたか  0    2    4    6    8    10
                               |____|____|____|____|____|
                               多い                    まったくなし

沈黙は何回あったか              0    2    4    6    8    10
                               |____|____|____|____|____|
                               多い                    ほとんどない

きっかけ  No □   Yes □    使った場合，下記のどれを使ったか

奇抜な意見，境界を取り除く，個人的なこと，相関的な，並列並記，チェックリストの形式，書名，取り替え，
逆転，感覚，魚の骨，起伏のある，その他

特筆すべき点                          取り組む領域
_____         _____
_____         _____
_____         D.R. Woods,"How to Gain the
_____         Most from PBL," 1994 より
```

表 3-4 意思決定の一例

	決定あるいは達成されるべき結果 (期待される結果に行為，表現をする)	我々のニーズを満たす最良のオフィス空間を見つける								行動？ 結果	
		アンカスター			バーリントン			現在のオフィス			
制限	30分以内	15分			18分			13分			
	最大1エーカー当たり2万ドル	15,483ドル			15,900ドル			13,070ドル			
	最大3年賃貸契約	2年			3年			2年			
	最低1850平方フィート	1950平方フィート			2200平方フィート			2030平方フィート			
	1月1日に占有できるか	可			可			可			
		Wt.		Rate			Rate			Rate	
基準および肯定的（プラスの）結果	通勤時間	10	15分	8	80	10分	10	100	15分	8	80
	使いやすい空間	10	非常に良い	9	90	最高	10	100	配置が不十分	5	50
	内装の美しさ	9	非常に良い	10	90	可能性はある	6	54	良くない	2	18
	403号線までの時間	9	2位	7	63	1位	10	90	最下位	4	36
	料金の安さ	9		8	72		7	63		10	90
	2年契約	8	可	10	80	不可	0	0	可	10	80
	閑静かどうか	8	非常に静か	10	80	少々子どもの声がする	6	48	騒音がうるさい	2	16
	個別会議	5	無理だが事務所として	4	20	修正すれば可能	8	40	可能	10	50
	駐車場	3	良い	7	21	十分	10	30	混雑している	5	15
	合計				596			525			435
逆の否定的効果	各選択肢に，逆効果をもたらす要因を考える． 各結果について，L（起こる可能性）とS（それが起こった時の影響または深刻さ）とを掛け合わせる．		L	S	L×S		L	S	L×S	L	S	L×S
			新しい所有者 2	3	6	新しい所有者	3	4	12			
			新しい交通ルート 1	8	8	新しい学校	4	4	16			
	合計				14				28			

るための基準をもたなくてはならないということである．

第2に必要なのは，基準は測定可能な言葉で表現されなければならないということである．したがって，「従業員の通勤距離」は「30分以内の通勤時間」とすると測定可能になる．

基準の第3の特徴は，「～でなければならない」「～であってほしい」「好ましくない状況を最小限にする」という3つのタイプの基準があるということである．「～でなければならない」基準は，「満たされなければならない」．これが満たされなければ，その選択肢は除かれる．表3-4の例では，「～で

なければならない」基準が5つあり，3つの選択肢すべてが，この基準を満たしている．これは，基準が満たされた場合にのみ，その選択肢があてはまる，イエス・ノー（二者択一）基準といえる．この「～でなければならない」基準が満たされれば，次に自分が「～であってほしい」点を考える．「～であってほしい」基準とは，起こってほしいと期待することである．表3-4の例では，「～であってほしい」基準が10個ある．「～であってほしい」基準として，もっとも高く評価される選択肢を選ぶ．選択肢の評価を定めるために，それぞれの「～であってほしい」基準の重要度に応じて相対的

な「重みづけ」を設定する．たとえば通勤時間の重みづけは10に設定されている．重みづけとは別に，それぞれの選択肢が「～であってほしい」基準に沿った0-10のスケールで評価される．たとえば，アンカスターという選択肢は，従業員の通勤時間では8と評価されており，内装の美しさの評価は10であり，駐車場の状況では7と評価されている．これを総合するために，それぞれの「～であってほしい」基準の重みづけの点数と，それぞれの選択肢の評価の点数とを掛けて，各選択肢の基準の合計点数を産出する．アンカスターの場合は，これを合計すると596である．このように，「～でなければならない」基準がすべて満たされていること，そして「～であってほしい」基準の合計点数がもっとも大きいことから，アンカスターが新しいオフィスの場所としてふさわしいということになる．

第3の基準は，「好ましくない状況を最小限にする」ことである．将来好ましくない出来事や否定的なことも起こりうるので，このような事態が起こる可能性を基準という形で説明したいのである．たとえば，共同ビルが別の所有者に売却されることもあり得るし，新しい道路が敷かれたり，新しい学校が建てられることもあり得る．いかなる意思決定に際しても，起こる可能性のある好ましくない事態についてブレインストーミングを行い，その事態が生じる「可能性」を予測し，その事態が生じることによる「重大性」を推測することが大切である．それぞれについて0から10までの数値で評価し，可能性と重大性を掛け算する．願わくばこれまでで理想に近い結果の選択肢は，好ましくない要素の合計点数がもっとも少なくあってほしいものである．このようにして，「～でなければならない」基準を満たし，「～であってほしい」基準の最大値をとり，起こってほしくない要素の最小値をとるという測定可能な基準にもとづいて意思決定を行う．意思決定をするためのアプローチはほかにもある（Kepner and Tregoe, 1976: Janis and Mann, 1977 and Arnold, 1978 and 1992）が，すべて測定可能な基準を用いている．

Arnold（1978）は，基準づくりのためのAAP（Achieve, Avoid, Preserve）法を提案している．この方法では，意思決定に際して「自分は何を達成し，何を避け，何を保持したいのか」を考える．要するに，まず満たさ「なくてはならない」基準があり，その他は満た「したい」基準である．表3-4は，基準と意思決定のための便利なワークシートである（記入例を示してある）．意思決定や基準についてさらに詳しく知りたい場合に推薦する文献はKepnerら（1976），Janisら（1977），そしてArnold（1978, 1992）のものである．Woods（1994b）ではこれらのスキルについて述べている．

8. 知識を要領よく活用する

私たちは適切な知識を生かして問題を解決する．しかし，何が適切な知識だろうか．そのプロセスのスキルをどのくらい身につけているだろうか．問題解決においても，またPBLにおいても，次にあげる4つの重要な知識の活用法がある．私たちがすべきことは，次のことである．

- 本当の問題を明らかにするために，問題の状況についての重要な情報を明らかにする．過去に出会ったほとんどの「教科書的」な問題では，問題解決に必要なすべての情報を得ることができたと思う．多すぎず，少なすぎず，ちょうど適切な量の情報である（実際，与えられたすべての情報に対してどんな「公式」や「方程式」を使えばよいかは，情報をいろいろな角度から分析すればわかるとすぐに実感できたことだろう）．現実の世界の問題を解決し，PBLによって学習することで，私たちは何が本当の問題かを見つけ出さなければならない．私たちは過去の経験にもとづいて，与えられた情報を入念に考察する．疑問を提示し，明確化をはかり，仮定を立証し，問題を提示し，多様な視点から状況をみる．表3-5は，このような視点をいくつかリストアップしたものである．このようなことを行うにはスキルが必要である．

- 過去の教科目主題の知識や経験のうち，どれが適切かを思い出し，評価する．キーワードは「評価」と「適切であること」である．「教科書的」な問題を解くときでも，この作業は決してつまらない作業ではない．Larkin（1976）は，物理の問題の解答に取り組む大学

表 3-5 観点と課題を引き出すためのきっかけ

目的，文脈	考察のきっかけとなる質問や視点	具体例，詳細
視野を拡大する．文脈の中で問題をとらえる	"幸せや無上の喜び"に到達するまで「なぜ」と問いつづける	「最善の価格をどのようにして設定したらよいのか」「それはなぜか」「そうすれば，だまされたと思うことがなくなるから」「だまされたと思わずにすむにはどうしたらよいのか」「それはなぜか」「そうすれば，良い自己イメージをもてるから」「どうすれば，良い自己イメージをもてるか」「それはなぜか」「それは……」
視点を鋭くする	「自分を制しているのは何か」を問う	「最善の価格をどのようにして設定したらよいのか」「それはなぜか」「そのことを問うのが怖いから」
課題に優先順位を設定する	解決法を考える．次に振り返ってみる	競合する課題がたくさんある場合，最終成果とその主な構成要素を明らかにすると，課題に優先順位をつけやすくなる
もれをなくす．"システム"を確認する	5W1H．そうであるものと，そうでないもの．自分に行われることと，自分が行うこと	システムに含まれるものは何か，システムに含まれないものは何か．自分に行われることは何か，自分が行うことは何か．システムに含まれるのはだれか，システムに含まれないものはだれか．自分に行われることは何か，自分が行うことは何か
医学部のPBL	生物学の視点（構造，機能，薬理学） 行動科学の視点 人口学の視点	
工学部のPBL	科学的な基盤 科学技術 実行の可能性と持続の可能性 財政 財政的魅力 安全性 倫理的・法的な側面 環境的側面 社会的価値	
歴史学のPBL	社会的側面 文化的・知的側面 政治的側面 対外的側面 経済的側面 環境的側面 心理的側面	

1年生に関する調査の中で，いくつかの驚くべき結果を報告している．すなわち，問題解決が下手な人は，問題解決が上手な人よりも多くの教科目主題の知識を適用しようとしていたということである．これは，問題解決が下手なのは「知識不足」のためではないことを示している．むしろ問題解決が下手な人は，自分が適切だと思う知識をすべて引き出し，試していたのである．これについては，図3-6の説明をみるとわかりやすい．この例では，問題解決が下手な学生が電気回路についての問題に取り組んでおり，まず方程式5を試し，次に方程式7を，その次に方程式8と9を試し，このうちのどれかが最終的にうまく使えれば，解答が出るという期待を抱いている．このプロセスを，回転する円盤の落下の問題

36　PBL　判断能力を高める主体的学習

a.問題解決が下手な人による，電気回路の問題の思考プロセス

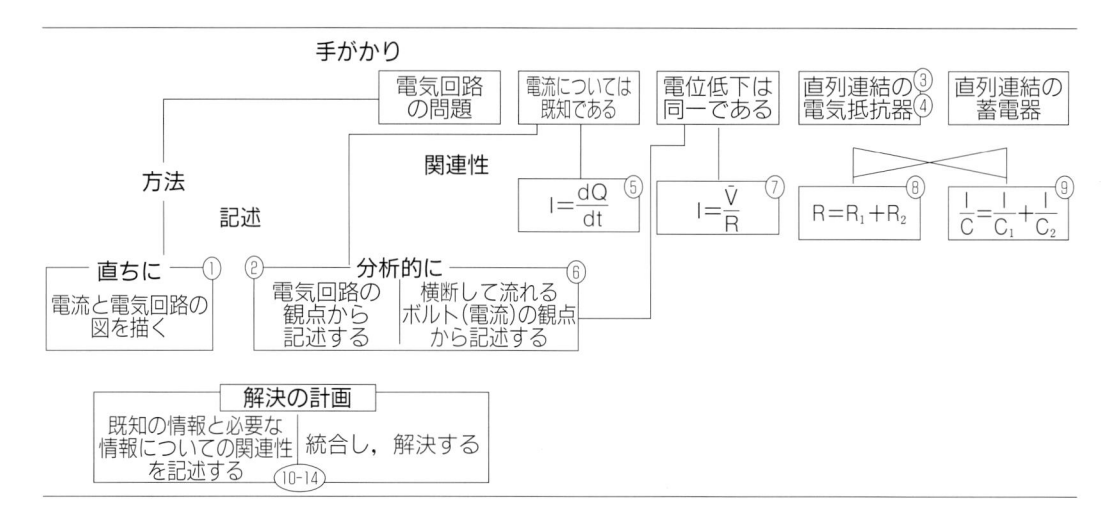

[図：手がかり「電気回路の問題」から、方法（直ちに／記述／分析的に）と関連性（電流については既知である：$I=\frac{dQ}{dt}$ ⑤，電位低下は同一である：$I=\frac{V}{R}$ ⑦，直列連結の電気抵抗器：$R=R_1+R_2$ ⑧，直列連結の蓄電器：$\frac{1}{C}=\frac{1}{C_1}+\frac{1}{C_2}$ ⑨）へと展開。直ちに①「電流と電気回路の図を描く」，②「電気回路の観点から記述する」，⑥「横断して流れるボルト（電流）の観点から記述する」。解決の計画：「既知の情報と必要な情報についての関連性を記述する」「統合し，解決する」⑩-⑭]

b.問題解決の上手な人による，円盤落下の問題についての思考プロセス

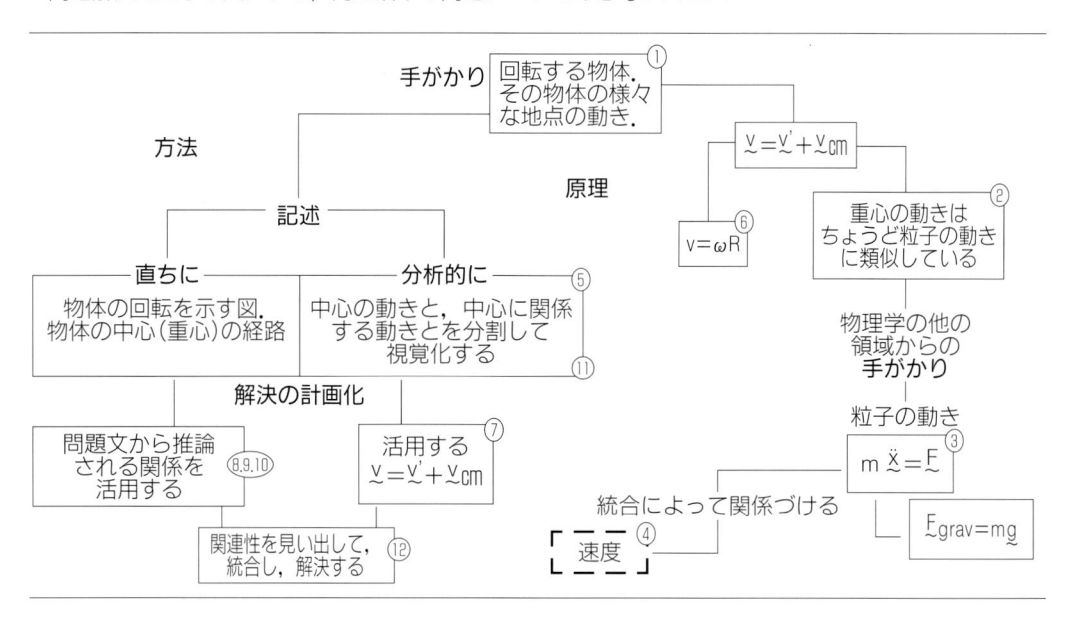

[図：手がかり①「回転する物体．その物体の様々な地点の動き．」から、方法（記述：直ちに／分析的に⑤）と原理（$\underline{v}=\underline{v}'+\underline{v}_{cm}$，$v=\omega R$ ⑥，②「重心の動きはちょうど粒子の動きに類似している」，物理学の他の領域からの手がかり「粒子の動き」，③$m\underline{\ddot{x}}=\underline{F}$，$F_{grav}=mg$）。直ちに「物体の回転を示す図．物体の中心（重心）の経路」，分析的に⑤「中心の動きと，中心に関係する動きとを分割して視覚化する」⑪。解決の計画化：「問題文から推論される関係を活用する」⑧,⑨,⑩，⑦「活用する $\underline{v}=\underline{v}'+\underline{v}_{cm}$」，⑫「関連性を見い出して，統合し，解決する」，統合によって関係づける④「速度」]

図 3-6　問題解決を行う人の知識のプロセス

に取り組んだ問題解決の上手な学生のものと比較してみよう．この学生は，基礎的な原理と方法に直接結びつく「指針」を直ちに選び出した．要するに，過去に用いた，適切な教科目主題の知識を思い出すことは，決して意味のない作業ではないということである．

・新しい教科目主題の知識を明らかにし，学習する（これに関する問題は6章で説明されている）．
・その知識の価値を評価する．自分がもっている知識を批判的に評価し，仮説や課題を実際に「検証し」，明らかにするような情報を収集

する．Elsteinら(1978)とWoods(1993)はそれぞれ，臨床分野での問題解決と問題処理の領域におけるこの試みについて概説している．知識を要領よく活用することによって，的を射た質問をし，矛盾した証拠を解明し，基本原則にもとづく適切な情報を思い出し，データを絶えず様々な観点から調べて一貫性を確認し，そして情報を批判的に評価し，入手したデータの質を評価するなどのスキルが養われる．

9．チューターの役割

PBLのプログラムでは，学生全員がそれぞれに対して抱いている期待を知ることができるようにするため，チューターの役割を明確にしておかなければならない．Wilkerson(1994)の報告によれば，チューターがグループの一員の場合，学生はチューターに次のようなことを期待するとしている．

- 的を射た質問をし，自分がいま行っていることは何で，なぜこのような問題解決の方法をとるのかを自分で理解しているかどうか確認してくれる．
- 自分が意見を提示したときは，その意見をふりかえり，その情報がなぜ証拠に裏付けられているかを証明するように求める．

しかし，チューターがこのようなスキルを供給し続けた場合，これを自分で身につけるにはどのようにしたらよいのだろうか．これは自分自身で身につける価値のあるスキルである．

一方，チューターがこのようなスキルを供給しない場合，自分がチューターなしでもできるような力のあるグループに属している場合，「自分が」そのスキルを供給できることをどのようにして確認したらよいのか．このことをグループで話し合って明らかにしなさい．

PBLに取り組んでいる人や問題解決のスキルを身につけたいと願っている人は，自分が問題解決のためにとっているアプローチを常に監視し，明確にし，正しいと証明する責任を負っている．

スキルを身につけることに関して基礎的で重要な考えを次にあげておく．

- それが価値のあるスキルだと思うなら，そのスキルを自分の望ましい成果（目標）にする．
- 結果を理解するためには，測定可能な基準をもつ監視可能な目標としてその成果を表現する．
- 結果を達成したことを示すために，達成の証拠を示す方法を探る．
- スキルを自分のものにするために，振り返り，自己評価し，異なる状況でそのスキルを使ってみる．

PBLへのアプローチ法の違いにかかわりなく，自分の問題解決アプローチに対するチューターの役割を明らかにしなくてはならない．

10．まとめ，進歩の監視法

PBLは「問題」からスタートする．効果的かつ能率的に上達するためには，問題解決に熟練し自信をもつ必要がある．調査によれば，自信とスキルを身につけるための条件は次のようなものである．

自分の問題解決プロセスをよく知り，自分の行動を振り返り監視し，系統的に，さまざまな異なる観点から物事を見るスキルを身につけ，またさまざまな考え方を生み出し，慎重に注意深く時間をかけて問題を明らかにし，そして意思決定に測定可能な基準を用いることである．

表3-6は，自分の問題解決アプローチを監視するためのチェックリストである．

文献

Arnold, J.D (1978) "Make up your mind!" Amacom, 135 West 50th St., New York, NY.

Arnold, J.D.(1992) "The Complete Problem Solver," J. Wiley and Sons, New York, NY.

de Bono, E.,(1972) "PO: Beyond Yes and No," Penguin Books, Harmondsworth, UK.

Elstein, A.S., L.S. Shulman, S.A. Sprafka (1978) "Medical Problem Solving: an analysis of clinical reasoning," Harvard University Press, Cambridge, MA.

Heppner, P.P. and C.H. Petersen (1982) "The Development and Implications of a Personal Problem-solving Inventory," J. Counselling Psychology, 29, 1, 66-75.

Heppner, P.P.(1986) "The PSI Manual," 210 McAlester

表 3-6 問題解決についてのフィードバック

属　性		アセスメント
意識	＋プロセスを説明できる，練習問題を解くことと問題を解決することとを識別できる	
	－プロセスを意識していない，直観的である，問題解決の枠組みを設定することができない	
問題解決技法の多様性	＋多様な方法とヒントを利用できる	
	－技法をほとんど知らない，一段階だけで物事の解決を図ろうとする	
正確さの重視	＋確認，二度の確認，再度の確認．正確さに注意をはらう	
	－速さに注意をはらう．確認しようとしない	
活動	＋書きとめる．リストをつくる．優先順位をつける．表や図を書く	
	－頭の中だけで考える．状況を見失う．紙面だけを見つめる	
監視，振り返り	＋アセスメントを絶えず行う．意見や選択肢の可能性をアセスメントする．絶えずアセスメントして切り詰める．自分がどこへ向かっているのか確かめる	
	－監視やアセスメントをしない．ただ黙々と取り組むだけ	
周到さ，系統的	＋系統的な計画を立て，予測し，展開し，利用する	
	－試行錯誤，衝動的，あちこちへ飛ぶ，無計画	
柔軟性，人の視点からみる	＋選択肢をオープンにしておく．異なる視点からみる．抵抗なく捨てることができる	
	－その意見が批判に耐えられないという証拠があるときであっても，1つか2つの意見や選択肢にこだわってしまう．考えを捨てたがらない	
知識の活用：客観的，批判的なアセスメント	＋客観的，他者から学ぶ，データを批判的にアセスメントする	
	－過去の経験を引き出すことができない．自己中心的である．人の言ったことをすべてうのみにして信じてしまう．疑問を抱かずにすべての情報を受け入れる	
課題に前向きに取り組む	＋不均衡な状態を肯定的に認める．変化や混乱を受け入れる	
	－混乱は"良くないもの"と考える	
時間配分	＋各段階の探索，明確化，計画，実行に多くの時間を費やす	
	－目先の動きや予測，記録作成に多くの時間を費やす	
全般的なアプローチ	＋基礎や基本原理，ニーズや目標にもとづく	
	－解決例を探し，それと同じやり方でうまくやろうとする	
意思決定	＋基準を当てはめ，証拠にもとづいて結論を導き出す	
	－"直観"にもとづいて選択する	

長所　　　　　　　　　　　　　　　　　　　　取り組む領域

　　　　　　　　　　　　　　　　　　　　　　D.R.Woods "How to Gain the Most from PBL" より

Hall, University of Missouri-Columbia, Columbia, MO 65211.

Isaksen, S.G., and D.J. Treffinger (1985) "Creative Problem Solving: the basic course," Bearly Ltd., Buffalo, NY.

Janis, I.L. and L.Mann (1977) "Decision Making," The Free Press, New York, NY.

Kepner, C.H. and B.B. Tregoe (1976) "The Rational Manager," Princeton, NJ.

Larkin, J.H.(1976)"Cognitive Structures and Problem Solving Ability," Paper JL060176, Group in Science and Mathematics Education, University of California, Berkeley, CA.

Larkin, J.H.(1980)"Spatial Reasoning in Solving Physics Problems." Carnegie Mellon University, Pittsburgh, PA., personal communication.

Norman, G.R.(1984) McMaster University Medical School, Hamilton, ON. personal communication.

MPS 1 (1985)"Awareness," Department of Chemical Engineering, McMaster University, Hamilton.

MPS 4 (1985)"Strategy," Department of Chemical Engineering, McMaster University, Hamilton.

MPS 7 (1985)"Creativity," Department of Chemical Engineering, McMaster University, Hamilton.

MPS 23 (1987)"Obtaining Criteria," Department of Chemical Engineering, McMaster University, Hamilton.

MPS 24 (1985)"Decision making," Department of Chemical Engineering, McMaster University, Hamilton.

Polya, G.(1957)"How to Solve It," 2nd, ed., Princeton University Press, Princeton, NJ.

Rotter, J.B.(1966)"Generalized expectancies for internal versus external control of reinforcement," Psychological Monographs, 80,(1, Whole No.609).

Rush, J.C., J.A. Krmpotic and F.T. Evers "Making the Match between university graduates and corporate employers" Part I, 1985; Part II, 1990.

Canadian Corporate Higher Education Forum, Montreal, PQ. see also PS News 70, 1990.

Schoenfeld, A.H.(1979)"Teaching Mathematical Problem Solving," preprint, Hamilton College, Clinton, NY.

Schoenfeld, A.H.(1985)"Mathematical Problem Solving," Academic Press, Orlando, FL.

Schoenfeld, A.H.(1983)"Episodes and Executive Decisions in Mathematical Problem Solving," in "Acquisition of Mathematics, Concepts and Processes," R. Lesh and M. Landau, ed., Academic Press, New York, NY.

Seymour, D.T.(1992)"On Q：causing quality in higher education," Ace/MacMillan, New York, NY.

Solow, D.(1982)"How to Read and Do Proofs," J. Wiley and Sons, New York, NY.

Stonewater, J.(1976)"Introduction to Reasoning and Problem Solving," notes from Michigan State University, Lansing. MI.

van Gundy, A.B., Jr.(1981)"Techniques of Structured Problem Solving," van Nostrand Reinhold Co., New York, NY.

Whimbey, A. and J. Lochhead (1982)"Problem Solving and Comprehension," 3rd ed., Franklin Institute Press, Philadelphia, PA.

Wickelgren, W.A.(1974)"How to Solve Problems," W.H. Freeman and Co., San Francisco, CA.

Wilkerson, LuAnn (1994)"Identification of Skills for the Problem-based Tutor：Student and Faculty Perspectives," seminar at McMaster University, Hamilton, ON

Woods, D.R., J.D. Wright, T.W. Hoffman, R.K. Swartman and I.D. Doig(1975)"Teaching Problem Solving Skills, "Engineering Education, 66, 3, 238-243.

Woods, D.R.(1984)"PS Corner," J. College Science Teaching, 13, 6, 467-472.

Woods, D.R.(1988)"Problem Solving," in "What Research says to the College Science Teacher：Problem Solving," D. Gabel, ed., National Science Teachers Association, Washington, DC.

Woods, D.R.(1993)"Trouble Shooting Skills," Department of Chemical Engineering, McMaster University, Hamilton, ON.

Woods, D.R., R.R. Marshall, A.N. Hrymak, C.M. Crowe and P.E. Wood(1994223)"MPS Program for Teaching Problem Solving Skills," Department of Chemical Engineering, McMaster University, Hamilton

Woods, D.R.(1994a)"The MPS Strategy Book" Department of Chemical Engineering, McMaster University, Hamilton.

Woods, D.R.(1994b)"The MPS Idea Book," Department of Chemical Engineering, McMaster University, Hamilton.

第4章
小グループの PBL

　ケース教授は，5人ずつのグループに分かれた学生に言った．
　「ここに故障したトースターがあります．これを直してください．でなければ一歩譲って，少しでも使えるようにしてください」
　一方，シングル教授はクラスの学生たち1人ひとりに，これと同じ質問をした．
　どちらも PBL を用いている．しかしケース教授は学生に協力してグループワークをするように指示したのに対し，シングル教授は学生に，自分1人で考えることを期待した．
　本章では，個々人での学習方法とグループによる学習方法とを比較しながら，両者の長所と短所について探っていく．

1．小グループの PBL

　小グループでの学習とは，3～9人の学生が協力して学習を進めるものである．私は5～6人がもっとも好ましいと思うが，意見はさまざまである．学習資源に限りがある場合には，グループの規模がわずかに大きいほうがよい．グループのメンバーの割り当ては，他人に指定されるほうがよいが，自分でグループを任意に選択してもかまわない．自分自身がより多くのことを学び，成長したいと考えるなら，グループに割り当てられるのがもっともよい．
　グループ内のメンバーがバラエティに富んでいればいるほど(たとえばバックグラウンドや経験，情報処理の方法の好みなど)，導き出される結果がより豊かで，よりよいものになる．しかしその多様性が，意見の対立を引き起こすことにもなりうる．メンバーそれぞれがグループ・ダイナミクスをうまく，効果的に扱う術を身につけなければ，その対立がグループを分裂させてしまうことにもなる．
　どのグループにも議長が必要である．これまでの調査研究によると，グループの中でもっとも性格や主張の弱い人が議長を担当するグループは，議長なしでグループワークを進めようとするグループよりも優れている，ということが明らかにされている．さらに Johnson ら(1991)は，グループの各メンバーに，記録係や，正しいかどうかチェックする係，メンバーを励まし勇気づける係，推敲する係などの役割を割り当てることを提唱している．私自身は，1人を議長として特定し，そして各メンバーがそれぞれ役割をもつかどうかはグループが決めるというのが好ましいと考えている．
　ここまでは，3～9人の学生を一緒に学習するよう割り当てる小グループに焦点を当ててきた．どんな会議でも，1人が議長になる．それでは小グループの PBL の場合はどうであろうか．小グループとは学習に取り組むために問題を用いながら，ともに協力して学習するためのものであるということ以外に，さらにもう少し述べなくてはならないことがある．

2．グループワークの長所と短所

　グループワークの長所と短所は以下のとおりで

1) 小グループを用いることの長所

研究によれば，次のような条件で学習が促進されることが明らかになっている（Chickering and Gamson, 1987 ; Gibbs, undated and Novak, 1989）．

- 学習者を「積極的／能動的に」活動にかかわらせる．だれかが話しているのを受動的にただ聞くだけにはさせない．
- 学習者が協力してグループワークを行うようにする．チームワークと互いの助け合いによってグループワークの成功が得られるようにする．
- 個々のさまざまな才能と学習方法を尊重する．学生はそれぞれ自分の好みにあった学習スタイルや学習方法をもっている．だれもが同じプロセスに沿って学習していくわけではない．たとえば，最初に理論を学んでから，その後に具体的な問題に取り組んでいく人もいれば，その逆のプロセスをたどる人もいる．絵や図・グラフなどを用いて説明するのが好きな人もいれば，表や方程式，記号やマトリックスが好きな人もいる．また，言葉で考えるのが好きな人もいる．学習者それぞれの自由な選択を尊重して，学習を進めていく．
- 作業にかける時間に焦点を当てる．作業を完了するために十分な時間が確保されるべきだが，学習者は生産的かつ効果的に時間を使わなければいけない．学習者は，自分の目標がどの方向にあるのかを把握しておかなければならないし，そこにいつごろ到達できるか，そして今どの地点にいるのかを把握しておく必要がある．目標に到達したときにそれがはっきりとわかるためには，測定可能な基準をもつ，明確な目標／予測が必要である．目標と基準はどちらも，有効な資源を用いることによって達成される．さらに，学習者は自分たちの時間を生産的に用いるよう動機づけられる必要がある．
- 活動を行ったら，すぐにフィードバックを与えるようにする．
- 学習者が評価において役割をもつようにする．Gibbsは「だれもが評価をし，そして学習できる」と言っている．Novak(1989)は，評価は学習活動を促進する主要な要素の1つであるととらえている．
- 成功を期待させるような環境でグループワークを進める．
- チューターと学生との間で，頻繁に充実した相互関係をもつ．
- グループによる問題解決スキル，そしてその他のプロセス・スキルは，他人を観察することでは決して養われない．また自分自身でこのスキルを行う，「組織から独立した機会」を与えることでも養われない．むしろ，自覚やスキル，自信を養っていくためには，そのスキルを部分に小さく分け，スキルを試す機会を与え，その努力についてフィードバックを与える必要がある．その上で目標のスキルが詳細に把握されるのであり，私たちはそのスキルを修得するまで，フィードバックを与えられ，実践していくべきである．

では，なぜグループワークなのか．端的にいえば，よりよく学習できるからである(Johnson, Johnson and Smith, 1991)．グループワークは，形式ばらないフィードバックをすぐに得ることができる，積極的で協力的な学習をする特別な機会を提供する．実際に，グループワークを通して，苦心を伴いつつも，上記の学習を促進する多くの要素が提供される．

さらに，グループワークは個人的なスキルを発達させてくれる．たとえばチームやグループで活動するスキルや，対立にうまく対処するスキル，議長を務めるためのスキル，社会的スキルを改善するためのスキル，そして各人の相互依存や責任を養うスキルや価値観を身につけるスキルなどである．

学校におけるグループワークは，卒業後の人生でも役に立つような備えなのである．

2) グループワークの短所

グループワークがそれほど素晴らしいものであれば，どうしてすべての授業でグループワークを実践しないのであろうか．

それは，グループワークは決して容易なものではないからである．また，しばしば「不公平」が

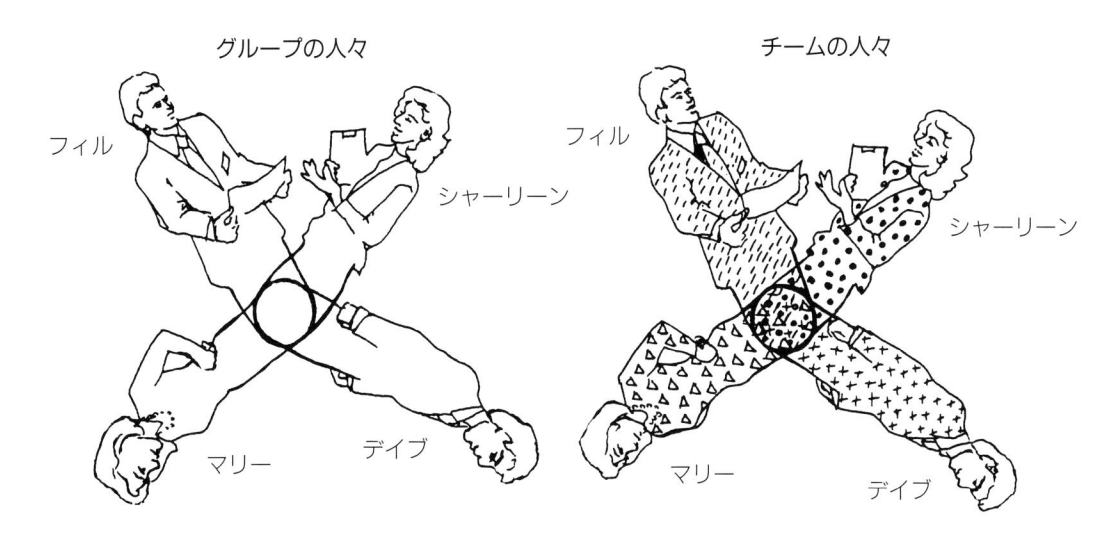

図4-1 グループメンバーとチームメンバー

みられるからである．たとえば，すべての作業を2人だけで行ったとしても，怠けた人も全単位をもらえてしまう．また，前述したようなグループ学習の長所を獲得するために，私たちは実際には，単なる「グループ」ワークではなく，「チーム」ワークについて話し合いをしてしまう．

効果的なチーム作りをすることは決してたやすいことではなく，チーム内のメンバー全員のスキルと尽力を集約する必要があり，十分な時間が必要である．おそらく私たちには，それができるだけの個人間のスキルやグループ・スキルが欠けているであろう．また，おそらく各メンバーは，自分の技術や能力を他人に知られる恐れがあることを気にするであろう．

図4-1に，4名のグループが示されている．しかしこの場合，意見の対立が生じる危険性は低い．各人は笑みを浮かべており，共通の同意を表す真ん中の部分を越えてあえて進むようなことは決してしない．この最終的な結果を生産性の数式にあてはめると，2+2=3となる．1人ひとりのパフォーマンスはチームのパフォーマンスよりも高いことだろう．

これに対して，チームの各メンバーが，自分の特別なスキルや経験，知識，バックグラウンド，好みのスタイル，グループに対する不満などをチーム内に持ち寄るというリスクがある．彼らは，意見の違いが引き起こす対立に積極的に対処していく方法を身につける．チームは，多様性を歓迎し奨励する．その最終的な結果は2+2=7となる．チームのアウトプットは，同じ作業が個人で実行された場合より，はるかに上回ることになる．

3．小グループ・PBL形式を最大限に活用する

学習の観点から，あらゆる研究が，小グループ・PBL形式の長所を指摘している．私たちは多くを学べば学ぶほど，よりよく学ぶことができる．私たちは，生涯を通じて必要とされる，個人間のスキルやチームのスキル，そしてチームづくりのスキルを学習する．しかし，この方法を最大限に活用するためには，人間関係やコミュニケーション，グループ，チーム，チームづくり，そして対立への積極的対処などのスキルを身につける必要がある．

4．まとめ

知識を身につけるために積極的かつ協力的にグループワークに取り組んでいけば，私たちはより効果的かつ能率的に学習することができる．しかし，グループワークは決して容易ではない．グループワークを効果的に進めるためには，人間関係やグループ・プロセスのスキルを身につける必要がある．

文献

Chickering, A.W.,and Z.F.Gamson(1987)"Seven Principles for good practice in undergraduateeducation,"AAHE Bulletin, March, 3-7.

Gibbs, Graham(undated)"A-Z of Student Focused Teaching Strategies,"Educational Methods Unit, Oxford Polytechnic, Headington, UK.

Johnson, D.W., R.T. Johnson and K.A. Smith(1991) "Active Learning:cooperation in the college classroom," Interaction Book, Edina, MN.

Novak, J.(1989)"Helping students learn how to learn: a view from a teacher-researcher,"Third Congress of Research and Teaching in Science and Mathematics, Santiago de Compostela, Spain, Sept. reviewed in PS News 69.

第5章
グループ・スキル

> アーニーのグループ
> 「私はこのグループが大嫌い．だれもまじめに取り組もうと努力しないんです．私が全部やらなくちゃいけないんです」　アーニーはチューターに愚痴をこぼした．
> 「君はあと6週間このグループでやるんだよ．きっと，少しのあいだPBLから頭を離して，人間関係やグループのスキルに重点を置いてみるといいね」　チューターは提案した．
> 「どういう意味ですか」　アーニーは困惑して尋ねた．

　私たちは歩いて部屋に入り，グループに分かれて席につく．何か面白いことが起こりそうだ．私たちは，お互いの長所を引き出しあい，お互いの弱点を補いあい，課題に取り組み，グループがバラバラに分かれないようにして学習活動を終わらせられるように，効果的に協力しながらグループワークを行うことになっている．

　私がこれまでに一緒に活動したグループは，どれも最悪だった．スタートはよかった．そのうちジェフがミーティングを休みはじめた．ミシェルはあてにならず，関係のないことを強調してばかりだった．ピーターはミーティングに来てはいたものの，まったく準備をしていなかった．それからハリーといったら！　彼は不平不満を言って，私たち全員に当たりちらした．私はあのグループを抜けたくて抜けたくて仕方がなかった．

　小グループのPBLでは，グループ単位で学習に取り組む．

この状況で，グループワークに関して既にわかっていることは何か

　おそらくあなたはグループワークのスキルを既に身につけているだろう．あなたは，何が起こっても，グループのメンバーに動機を与え，みんなのやる気を高く保つ方法も知っている．意見の対立にうまく対処する方法も知っている．おそらくあなたはすでに幅広い経験をもっていることだろう．この状況のすべての問題点と詳細が既にわかっている場合は，次章に進んでかまわない．

この状況では，何が問題か

　図5-1に，グループワークを効果的に行うための課題がいくつか示されている．主なものを次にあげる．
1）自分自身について，自分の長所・短所，好みを知り，自分に対して気楽になる．
2）他の人の考えの多様性を尊重する．
3）人間関係の重要な基本を把握し，それを適用する．
4）よいコミュニケーションを図る．
5）グループの特質を知り，自分がグループの中でどのように機能するかを理解する．
6）議長の役割を理解し，グループのためにその役割を果たすスキルを身につける．

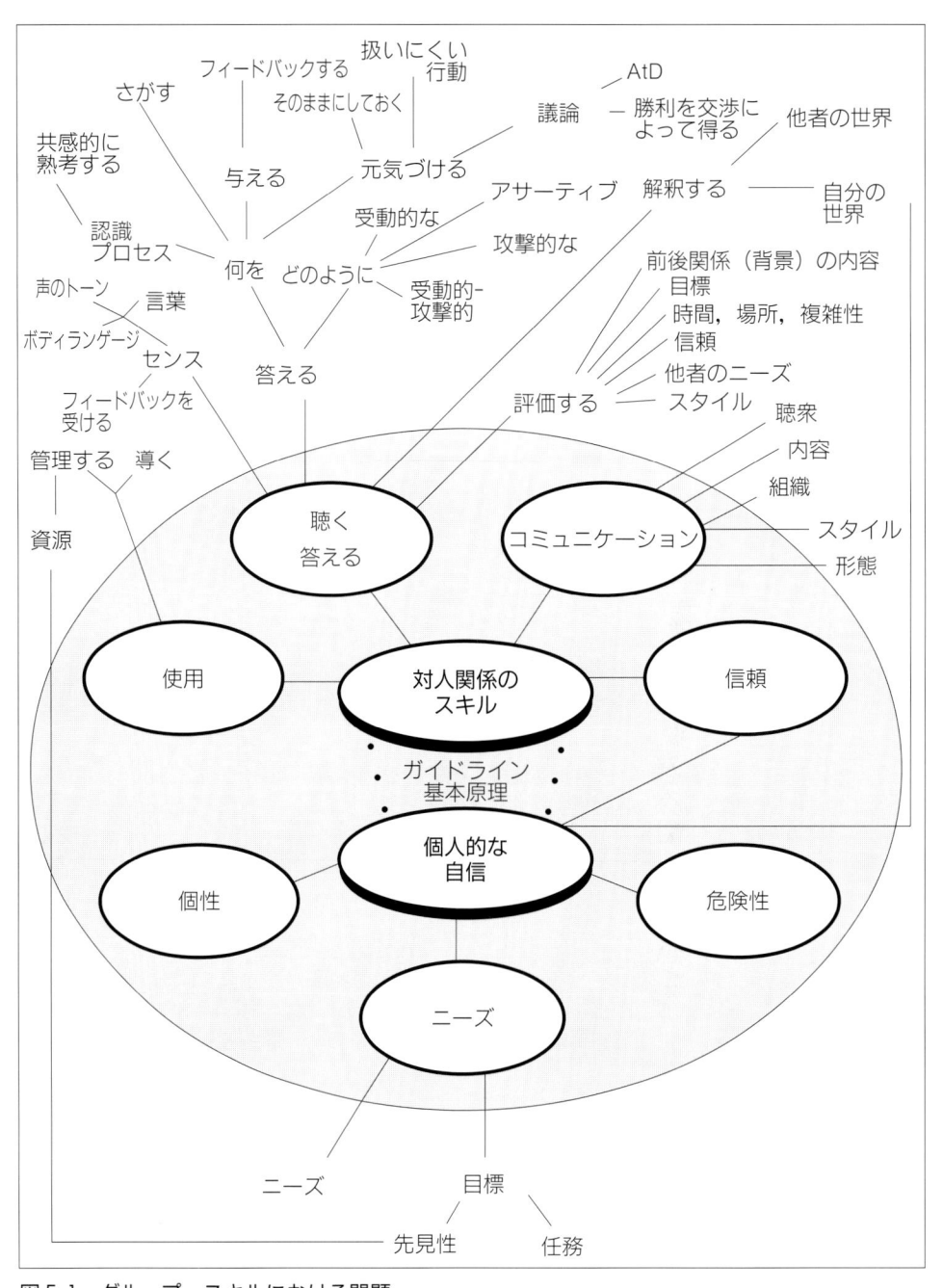

図5-1 グループ・スキルにおける問題

7) 意見の対立に建設的に対処する方法を知る．
8) 扱いにくい行動をする人にうまく対処する方法を知る．
9) グループをチームへと変化させていく方法を理解する．

このような課題を順番に取り上げてゆく．自分のニーズに応えてくれそうな項目に，直接進んでもかまわない．

1．自分自身に対して気楽になり，他の人の考えの多様性を尊重する

「自分が何者であるか，そして自分がどのように行動するかに誇りをもちなさい」

これは言うのはたやすいが，おそらく実行するのは難しい．通常，私たちは自己認識から自己受容へと移る．Myers-Briggs類型尺度やJungの心理学的類型は，意思決定の方法（P-J dimension）や，さまざまな課題について思考する際に，どのような要素を心に描くのかということ（S-N and T-F dimensions），そしてどのように考えを確認していくのが好みなのか（I-E dimension）という点をみる際に，よりよい手助けとなる（MBTI, Hogan and Champagne, 1974, Keirsey and Bates, 1984）．自問自答も意味深いものである．自分を批判するのではなく，自画自賛する傾向がある人は，ストレスを上手に管理でき，また肯定的な自己イメージを抱いていると考えられる．要するに，以下のことを行うことによって，自己評価を改善し，自分自身に対して気楽になることが重要である．

- 自分のスタイルを認識する．
- 自分の好きな，自分自身の特質を伸ばす．
- 1人でいることを楽しむことを知る．
- 楽しむ能力を発達させる．
- 肯定的になり，笑みを絶やすことなく，皮肉屋にならないようにする．
- 自分を信じる．
- 自分にとって重要な事柄に関して，人との意見が対立する時は，すすんで彼らと向き合う．
- 自分とはみずから創り出すものだということを知っておく．

このことについてもっと詳しいことを知るには，Woods ら（1993）に実際的な提案と，他の資源のリストがあげられている．

自分自身について，そして自分の好きなことの実行方法について学習すればするほど，他者の多様な考えを尊重することを学ぶ．自分が意思決定を性急に行う傾向がある場合は，意思決定をする前に膨大な情報を収集しておくような人を見習う必要がある．科学や数学の分野の専門知識をもつ人は，言語学や哲学，看護学の分野の専門知識をもつ人の見識を尊重するようにする．言い換えれば，私たちは自分自身のアプローチに誇りをもつからこそ，グループの話し合いでは他者の意見をより尊重することが大切である．

2．人間関係の重要な基本を実践する

7つの基本的人権を尊重し，対人関係のユートピアの指針にしたがい，信頼関係を築き，共感を得られるようなコミュニケーションを図る，これが重要な基本である．

1）行動のルール：7つの基本的人権

私たちは皆，選択する権利，意見を主張する権利，尊重される権利，要求をもつ権利，感情をもちそれを表現する権利，過ちを犯しそれが許される権利，そして他者のこれらの権利を受容する権利をもっている．これらの7つの基本的人権は，私たちのすべての人間関係上の行いの基盤である．これらは，話の聞き方や答え方，ストレス管理のしかた，怒りに対して効果的に対処する方法，そして日常生活で扱いにくい行動に遭遇したときの対処のしかたなどの理解に欠くことができない．これらの権利は，交渉（negotiation）や主張（assertiveness）の基礎となる．これらは「自己尊重」にとっても不可欠である．

2）行動のガイドライン：対人関係のユートピアを築く

ここに9つの行動のガイドラインがある．

① 人は皆個性があり，それぞれの過去の個人的経験の観点から行動することができる．そして，私たちはその個性ゆえに尊重される．他者に個人としての敬意を示そう．

② この黄金のルールはいまも色あせていない．自分が接してほしいと思うように他者に接すること．

③ 他者の，一番の長所と思われる点を探すようにする．

④ 言うに値することが何もないときは，何も言わないようにする．

⑤ 他者に対してよりも，まず自分自身に忠実でありなさい．

⑥ ユーモア感覚をもち続けること．常に物事

に対してバランスのとれた見かたをすること．
⑦ 協力は努力して得られるべきものであり，人に強要するものではない．
⑧ 人が関心をもつのは，あなたがどれだけの知識をもっているかではない．あなたがその人にどれだけ関心をもつかである．
⑨ 共感を示すこと．他者の話を聞き，それを理解したことを示すこと．あなたが他者の意見を聞き，理解しようと積極的に努めていることをその人に示すために，柔軟性をもって応答することに注意を払うこと．

3）フィードバックを通して成長するためのガイドライン：もう1つの対人関係のユートピアに向けてのガイドライン

進歩するためには，他者からのフィードバックが必要である．私たちには，進歩していくための方法を伝えてくれる他者が必要なのである．実際，喜んでアドバイスを与えてくれる人を見つけるのは，そう難しいことではない．人間には，他者を詮索し，それを相手に伝える傾向があるからである．私たちの目標は，他者を詮索しがちな傾向を閉じ込めて，肯定的なフィードバックに応える方法を学ぶことであり，他者の成長に対して建設的なフィードバックを与える方法を学ぶことである．

a．成長のための肯定的なフィードバックを与える

⑩ 相手が変えたいと望んでいると思われること2つについて，それぞれ5つの長所を明らかにしなさい．「5つの長所」と2つの取り組むべき課題がフィードバックとなる．たとえば表3-6のフィードバックの表の一番下の部分（5つの長所と2つの課題）が，そのよい例である．

⑪ なにか価値ある出来事があった場合には，できるだけすぐに，誠意をこめて肯定的なフィードバックを頻繁に与える．

b．肯定的なフィードバックに応える

⑫ 「ありがとう」と言う．

c．成長のための否定的なフィードバックを与える

「なぜ」「何を」「どのように」「いつ」を考えよう．

□「なぜ」

⑬ フィードバックにあたっては，それによってフィードバックを与える人が得る力や発散などよりも，むしろフィードバックを受ける人にとっての価値を重要視する．

□「何を」

⑭ フィードバックにあたっては，その人が生産的に用いることができる量の情報を与える（自分が一度にすべて与えたいと考える量ではなく）．

⑮ フィードバックの際は，その人の性格ではなく，その人の行動に焦点を当てる．性格志向ではなく，問題志向であること．人物およびその人の性格と行動とを切り離して考えよう．たとえば「人物」と「無礼」とを切り離して考えてみよう．つまり，「あなたは偏見をもつ人間だ」というのではなく，「あなたがその仕事を任せる人物として，私ではなくジムを選んだなら，私はそれは偏見による行動であると思います」というように置き換えてみよう．

⑯ 行動についての助言あるいは判断ではなく，行動の「描写」を重視する（あなたが，立場上他者に判断を下さなければならない場合を除く．もし助言を求められたら，その問題に対する自分自身の答えを与えるよりも，さまざまな選択肢を探る手助けをするほうがよい）．

⑰ 自分の推論や解釈，結論づけ，評価よりも，自分の観察を重視する．「私が観察することは……」と言いなさい．なぜそのようなことが言われたかではなく，どんなことが言われたかを重視する．

⑱ 行動を描写するのに，「〜の2つのうちどちらか（二者択一）」という言葉ではなく，「低い」から「高い」まで，あるいは「大きい」から「小さい」までの間に属するような言葉を使うようにする．たとえば，参加するということは「イエスかノーか」ではなく，参加度が「低いか高いか」である．

⑲ その考えや意見がだれのものかを明確にする．つまり，「ある人びとは」とか「私たちは」という言葉ではなく，「私は」とか「あなたは」

第5章　グループ・スキル　49

などというように，意見の主を明らかにする言葉を用いる．
⑳　抽象的な行動ではなく，詳細で具体的な状況を引用する．
㉑　「その時，そこで」ではなく，「今，ここで」ということを引用する．過去の出来事に対して再び批判をしない．
□「どのように？」
㉒　「優越」志向ではなく「平等」志向であることを重視する．
㉓　大声で叫んだり，テーブルをたたいたり，乱暴な言葉を使ったり，個人的な攻撃をしたりしない．
□「いつ？」
㉔　どんな物事にも時と場所というものがある．今その時が，適切な時間と場所であるかどうかを考慮しなさい．フィードバックにあたっては，それを受ける側の人の準備が整っていなければならない．
□一般的反応
㉕　反応を返すにあたっては，相手と同じくらいの親密さ，熱心さでいることを重視する（それが要を得ている場合）．たとえば，相手があなたに怒鳴っても，怒鳴り返してはいけない．しかし，もし相手がある問題について非常に興奮してきたら，悠長にかまえていてはいけない．相手は，あなたがそのことに無関心であると解釈するかもしれないからである．あるいは相手が心の奥底にある感情を吐露しはじめたら，あなたも同じ感情を共有するようにすること．
㉖　フィードバックを与えるときにはアサーティブであること（受け身にまわったり，攻撃的であったりしない）．次のようなパターンを用いることもできる．「あなたが〜（具体的な行動をここに記す）すると，私は〜（自分の感情をここで明らかにする）と感じます．なぜなら〜（具体的な結果を記す）だからです．」

d．否定的なフィードバックへの反応

否定的なフィードバックは，文字どおり人の感情を害する．たとえそれを「取り組むべきもの」と呼ぼうとも，人の感情を害することには変わりない．だとしたら，それをどうすればよいのか．

まず第一に，私たちはフィードバックを通してしか，「自らの」行動を修正することはできない．
㉗　意図を想定するということは，自分を改善するのに役立つ．「フィードバックをありがとう」と言ってみよう．おそらく相手はあなたに，行動をこのように変えてみたらと提案するだろう．たとえば，次のような反応もありえるだろう．
「フィードバックをありがとう．私の行動があんなふうに解釈されたのは残念です．それは私の意図したこととは違うんです．私の行動をどのように変えたらよいでしょう」
手の込んだ詳しい説明をしたり，証明・正当化したりしたいという衝動を抑えること．
㉘　物事はひかえめに受けとるようにすること．すべての人を喜ばせることはできない．自分自身に正直になる必要がある．この「全員を喜ばせることはできないという法則」は，「自分がどんなに熱心にやっても，10％の人はあなたの行動を嫌うだろう．また10％の人は，あなたが素晴らしいことをやってのけると考えるだろう．その中間の80％の人からのフィードバックを注視しなさい」ということである．

要約すると，ここにあげた行動のための28の提案によって，私たちは対人関係のユートピアに行き着けるだろう．このような考えについてもっと深く学ぶ必要があるという人には，Bolton(1979)，Cawood(1988)，Fritchie(年不詳)を読むことを勧める．

4）信頼は人間関係を築く接着剤である

信頼は，裏切りや不誠実，拒否に対する恐怖を軽減する．信頼は，受容や支援，確認，そして協力に対する希望を促進する（Johnson, 1986）．Covey(1989)は，「信頼」の類比またはモデルとして非常に有用なものを提示している．彼は，人と人の間の「信頼」を，人が他者の心のなかに積み上げていく「感情面での銀行預金口座」ととらえたのである．口座の残高が高ければ，信頼は高い．一方，口座から金が引き出されると信頼は低くなる．私たちは，次のようなさまざまな行動形態における預金を通して「信頼」という口座を積み立てていく．

① 本当に相手を理解しようと努めていることを示す．相手に共感する．相手の評価基準を通して物事を見るようにする（ありのままの彼らを受けいれる．彼らの考えに同意する必要はないが，理解し，受容する）．
② 日常生活の小さな親切や礼儀に注意を払う．
③ 自分自身への，そして他者へのコミットメント（かかわりあい）を保つ．
④ 自分自身に対して，そして他者に対して自分が抱いている期待を明らかにする．
⑤ 他者に対して個人的な誠実さ，正直さ，忠実さを示す．特にその人がその場にいないときはなおさらである．
⑥ 自分が間違っていたとわかったら，すぐに誠実に謝り，それを自覚しているということを相手に示す．
⑦ 7つの基本的人権と対人関係のユートピアへのガイドラインに従う．

私たちは「（信頼の）預金」をするとき，リスクを負う．他者が私たちを利用して食いものにしたり，私たちの行動をあざけったり，拒否したりするというリスクである．「預金」が親切に受容されたとき，信頼が生まれ育つ．その他者がお返しに報いてくれた場合，両者の信頼はさらに増大する．言い換えると，あなたが自分の意見を自分で明らかにするならば，その意見に合ってさえいれば，他者もまた自分の意見を明らかにしてくれるであろう．

信頼を築き，上手な人間関係のスキルを養うためのカギがあるとすれば，それは自分が「どのように相手の話を聞き，どのように反応するか」ということである．私たちは共感的にコミュニケーションを図る必要がある．

5）共感的にコミュニケーションを図る

効果的な人間関係のスキルのための基本的なスキルは，聞く能力と反応する能力である．とりわけ，自分自身の考えを表現し，他者のニーズや感情，意見を理解していることを示すようなやり方で話を聞き，反応することである．Steil ら（1985）は，リスニングのプロセスの4段階のモデルを提案している（SIER）．

知覚する（Sensing）：知覚するとき，私たちはしばしば，見る，聞く，触れる，嗅ぐという4つの感覚を用いる．時には，グルメな食事を味わう時のように，味わうという感覚も用いる．また，第六感を呼び起こす人もいる．驚くべきことに，メッセージの約50%はボディランゲージにより伝達され，約40%は声のトーンによって伝達され，言葉それ自体によって伝達されるのはたったの10%である．相手からの「真の」メッセージを知覚するということは，決してたやすい作業ではない．私たちは十分な注意を相手に払い，しっかり理解する必要がある（自分たちが話し手に耳を傾けているということが話し手にわかるように反応する）．

解釈する（Interpret）：私たちは，自分の主観的な言葉の意味と，知覚する音やイメージとを合わせる．私たちは内なる精神的・感情的な観点というコンテクストにおいて，知覚したメッセージを解釈するのである．これを，自分の観点のコンテクストでメッセージを表現する他者と比べてみよう．メッセージを解釈するためには，共感的であること，つまりメッセージを相手の世界観からとらえていくことが必要である．自分が相手の真の意図を理解しているかどうかを確認するために，本人にメッセージに対する自分の「考え」を投げ返してみることで，相手の見方を理解しようとすることがよくある．

評価する（Evaluate）：私たちは，あるコンテクストの中で妥当性や関連性を評価する．「何を」「どのように」反応するかを決める前に，まず自分が解釈した内容を評価しなければならない．評価に用いられる一般的基準は，「達成」したいことや，「保持」しておきたいこと，「避け」たいことにもとづいている．一般的に，私たちが望むのは以下のことである．

・自分の問題の解決を達成し，個人的な目標を達成する．
・自己尊重や他者の権利，よりよい人間関係を保持する．
・人間関係の破綻，不信，悲嘆を避ける．

さらに詳しくいえば，状況を評価し，反応を選ぶために用いる基準には，次の内容が含まれる．

① 内容とコンテクスト：過去にあったこと，そして次の段階で必要とされていると思われ

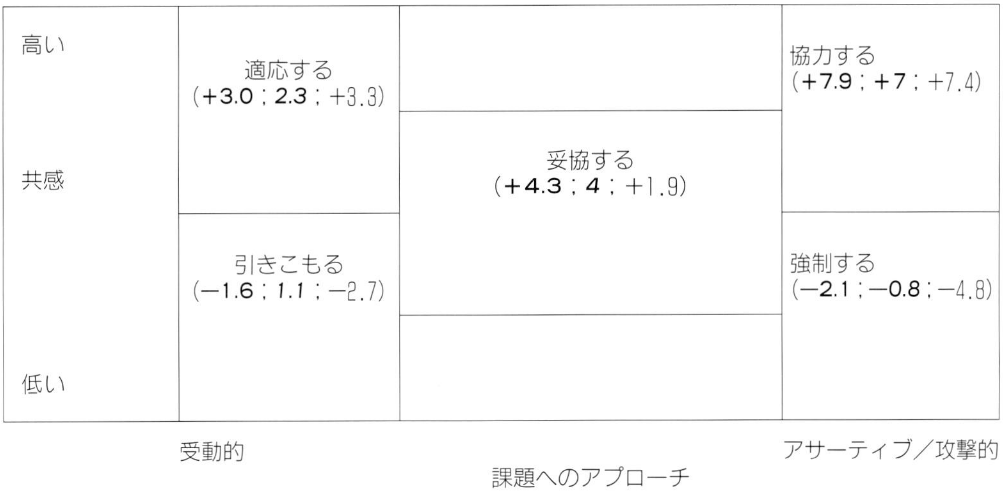

```
高い |  適応する            |                      | 協力する
     | (+3.0;2.3;+3.3)      |                      | (+7.9;+7;+7.4)
共感 |                      |  妥協する            |
     |                      | (+4.3;4;+1.9)        |
     |  引きこもる          |                      | 強制する
     | (-1.6;1.1;-2.7)      |                      | (-2.1;-0.8;-4.8)
低い |                      |                      |
        受動的                課題へのアプローチ    アサーティブ／攻撃的
```

図 5-2　元気づける／気分転換のための反応

るもの．
② 自分の目標．
③ 時，場所，そして問題の複雑さ．
④ 信頼と協力の度合い．
⑤ 自分のスタイル（リスニングと返答のスタイル，意見の不一致に対する対処のしかた，情報処理のしかた，問題の優先順位のつけ方）．2つの質問表が，自分の情報処理法の傾向を知る手がかりになる．1つは Johnson の「葛藤に対する好みの対処のスタイル」(Johnson, 1986) であり，もう1つは Jung の心理学的類型 (Hogan and Champagne, 1974 または Keirsey and Bates, 1984) である．図 5-2 は，Johnson による「葛藤に対する好みの対処のスタイル」への回答結果である．Johnson は，①和解する，②妥協する，③共同する／問題を解決する／交渉する，④引き下がる，⑤強要する，の5つを提示している．太字の数字は 43 人の技師・管理者の回答であり，太字のイタリックは 31 人の工学部 2 年生の回答であり，細字の数字は 65 人のカナダのガールスカウトのリーダーの回答である．あなたのスタイルは主としてあなたの反応の内容や，あなたが重要と感じる問題に影響を与える．
⑥ 自分と相手．自分の雰囲気とニーズ，相手の雰囲気とニーズ．

反応する (Respond)：自分が何を知覚したか，あるいは話す・聞くというプロセスがどのように進行することを望んでいるのか，ということを適切に示す．以下のことに対する反応が選択肢である．

・認める
・探索する／求める
・与える／供給する
・元気づける／方向転換する

以上の反応のうちいくつかは，図 5-2 に示されている．

要約すると，上手に聞き，反応するスキルは，2 者間またはグループのスキルに不可欠なものである．この 4 段階モデルには，プロセスについて考えるための枠組みがある．これと同じ枠組みは，グループ・プロセスについてのフィードバックを与えるための枠組みをつくるときにも用いられる．

3. グループの中で有用なメンバーであること

ここに，グループの有用なメンバーの 7 つの特徴がある．

1）意欲と課題のどちらにも注意を払う

どのグループにも 2 つの責任がある．1 つはグループメンバーとグループ全体の意欲を高め，維持し，豊かにすることであり，もう 1 つは課題を完了させることである．この両方が必要である．

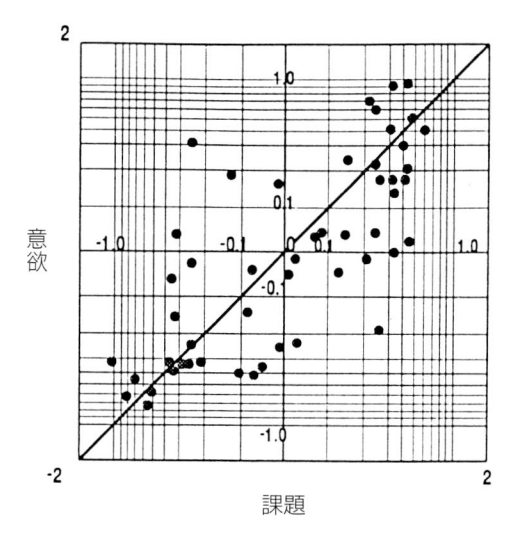

図 5-3　意欲得点と課題得点の相互作用

　実際，我々の研究では，人はほぼ例外なく他者に影響を及ぼすということが明らかになっている．課題が完了していなければ，意欲は低下するだろう．また意欲が低ければ，課題はいつまでも完了しないことになる．図5-3は，グループの意欲に対する自己評価と課題とは密接な相関があることを示している．

　有用なメンバーは課題と意欲という要素を理解し，この両方を積極的に保つために最善を尽くす．表5-1は，それぞれについての4つの側面を示している．

- プロセスの認識，観察者（人びとがどのように相互にかかわっているか，課題を完了するための問題解決プロセスはどのようになされているか）．
- 情報提供者（個人間の相互作用を積極的に改善するための意見と情報，課題を完了させるための主要な知識）．
- 質問者または情報探索者（人間関係を改善し，課題を完了させるための情報を求める）．
- 力づける／方向転換する者（新しい方向性，緊張感，信念，新しい見識をもたらす）．

　積極的行動と消極的行動の両方の説明がリストアップされている．多くのグループは8つのすべての側面を必要とする．グループのどのメンバーでも，その側面を提供することができる．実際，話し合いが進行するにつれて，多くの異なる人が「課題に関する情報の提供者」となることができるであろう．そのような人物を「リーダー」と呼ぶことが多い．

2）リーダーシップを競ってはならない：リーダーシップはメンバー間で回り持ちとする

　それぞれの場面ごとで，だれがもっとも多くの情報を提供できるかによって，リーダーシップはグループメンバーの間で回り持ちとする．そのときもっとも適した経験をもつ人ならばだれでも，リーダーシップを発揮することがグループから要求される．時には，そのグループが問題を解決していくにつれて，リーダーシップが発達することもある．リーダーシップが発達する理由は，専門的な知識や経験のためであり，オリジナリティあふれる考えがひらめいたり，まったく異なる観点から状況を見ることができたりするような，特別な問題解決能力のためであり，監視のためであり，組織的なスキルや集団のスキルのためである．

　これに対して議長は，意欲と課題のプロセスの観察者として，あるいは意欲と課題の探索者としての重要な役目を担う責任をもつ．

3）議長が効果的に進められるよう手助けする

　研究によれば，無作為に議長を選出したグループは，議長のいないグループよりもすぐれた取り組みを行うという結果が出ている（Dimock, 1970）．

表5-1 グループ内での役割についてのフィードバック

			内容	グループメンバー
課題				
観察者：課題プロセス：		＋	グループを方向づける，監視する，要約する，方向性を探索する，各段階を認識する	
		－	段階を無視する，欲しいものは何でも尋ねる，流れを止める，自分の貢献できることに気づかない	
提供者：情報・意見		＋	断定的な自信をもって情報を与える，提案する	
		－	情報を与えない，沈黙する，攻撃的・受動的	
探索者：情報・意見		＋	質問する1人に意見を求める，理解を確認する	
		－	情報を求めることを拒む，沈黙する	
元気づける人：危険の回避		＋	非常に熱心である，活気づける（ひらめきを導く），新しい考えを導く	
		－	他者に従う，同意するのみ，沈黙，不確か	
意欲				
観察者：対人関係		＋	対人関係のダイナミクスや発言に敏感，意見を述べる	
		－	葛藤や不安を無視する，葛藤が消失することを望む	
提供者：賞賛・支援		＋	あたたかい，反応する，手助けする，報酬を与える	
		－	雰囲気や意欲を引き下げる，攻撃的，自己中心的，保守的	
探索者：対人関係の問題解決者		＋	熟考する，調和を与える，葛藤の解決を手助けする	
		－	問題を引き起こす，私的な目標を求める	
元気づける人：緊張の軽減		＋	ジョークを言う，笑う，満足を示す	
		－	引きこもる，緊張を引き起こす	

D.R.Woods, "How to Gain the Most from PBL" (1994)より

議長を選出しよう．（PBLの学生グループの大半は，チューターが議長を務めるものだと考えている．しかしこのことは，学生が自分のスキルを養い，自信を高める機会を奪ってしまうことになる．チューターを議長とすることは，チューターのチューターとしての役割も半減させ，グループの能力を弱めてしまう．）学生の中から議長を選出するべきである．

議長は議論の成長を促す役目をもっている．話し合いの間，議長はグループを監視し，タイムスケジュールや全員が決めた行動規範をグループのメンバーが忘れないように注意し，秩序を保つ．議長は，流れや進行がわずかにでも方向から外れたら，それを察知できるように監視する．その役目についた人は，中立の立場で「グループを課題に取り組むままにしておく」か，あるいは軌道修正をするため積極的に介入するかを決めなくてはならない．

議長は議題を準備しなければならない．私の「議題のルール」は，「詳しい議題がなければ，だれも出席しない」ということである．話し合いというものは，かつて考案されたものの中で，最大の時間の浪費である．「ある意見をつぶしたければ，それを会議に持ち込めばよい」ということわざは真実である．しかし「あなたの」話し合いは違ったものになるだろう．グループメンバーは，議長が以下のことを行うための努力をサポートする必要がある（また，議長がこれを行わない場合は，行動に移すように促してやる必要がある）．

・グループにとって意義のある議題をつくる．
・次のような手順の問題に取り組む．
① どのように意思決定を行うか（投票か，全員の合意に基づくのか）
② 問題解決の各段階の名称（3章にあるMPSの6段階にするか）
③ 議長の役割（グループが意思決定をするのを見守るか，それともグループの意思決定に同意するか．投票するかしないか．同意に達

表5-2 グループの発展段階に応じた問題

発展の段階

各段階における焦点	結成 開始	暴風 葛藤 コントロール	標準 表出 感情	遂行 強化 チーム	分かれる 離れる
課題	全員が合意する. あいまいで多義的な意見を述べる傾向がある	くよくよする, 対立する, チャレンジする	異議のはけ口として, 議論をあいまいにする	課題に関する強い合意…. 合意に基づいて意思決定をする	
意欲	私はこのグループに属しているのか?	だれがうまくまとめていくのか?	私はこのグループで居心地がよいか? 私はどの程度グループメンバーに接近したいのか?	葛藤を通して意見が改善される, 葛藤を通して信頼が形成される	今何が起こっているのか?

する方法は)
④ 話し合いに必要な資源と, それを供給する人 (コーヒー, フリップチャート, OHP, ペン)
⑤ 決定事項と情報の記録法, そしてだれがそれを行うか (議事録にするか, それぞれの行動を実行する義務のある人物のイニシャルが書かれた「行動」表を使うか. その記録をいつ配付するのか).
⑥ 話し合いの形式 (各問題に取り組みの優先順位をつけたり, 制限時間を設定するか)
⑦ 意見の対立に対処するプロセス, 方策, 互いに話し合う方法
⑧ あるメンバーに, グループから抜けて, かつその際に成果を残していってもらうように求める手続き. この部分はグループによるコントロールの範囲を超えていることがある. しかし, このような問題に決定権のある人物を探し, その人と会って方策を立てる.

4) 成長のプロセスを通してグループが発展できるよう助ける

有用なメンバーはグループの成長を促進する. グループはすばらしいスタートを切るわけではない. グループがスタートすると, メンバーは次のような疑問を抱くだろう.「なぜ私はこのグループにいるのか」「私はこのグループで歓迎されるメンバーとして受け入れられているのか」と. グループが成長するにつれて, 関心は次第に次のような疑問へと移っていく.「だれがこのグループを管理するのか. どの程度までグループメンバーに感情的に接近してよいのか」. 一般的なグループの成長の段階が表5-2に示されている. すなわち, 結成, 議論, 標準化, 達成, 解散, の5つの段階である. そして, それぞれの段階の課題や意欲に関する問題があげられている. SchutzのFIRO-B instrumentは, グループの成長を促進するにあたって果たすべき役割が理解できよう (FIRO-Bの詳細については, Whetten and Cameron, 1984 そしてRyan, 1970 を参照).

ここでの主旨は, グループはすばらしい状態でスタートするわけではないということである. グループは成長するものである. 成長のプロセスを認識することにより, グループメンバーの理解と前進を助長することができる.

5) グループが必要とする役割を引き受ける

良いメンバーは自分が貢献できることについて自覚している. 私たちにはそれぞれ, 自分が果たしていて心地よいと思う役割がある. とはいえ, 自分の技能を高め, グループのニーズを自覚して他の役割をもすすんで果たすべきである.

6）ミーティングの度に振り返る

ミーティングが終わったら，その都度，グループの意欲と課題が十分に扱われたかどうかを話し合うための時間をもとう．そして，グループメンバーがそれぞれ順番に，自分が果たしたと考える役割についてコメントするようにする．これは，白熱した議論をするためではなく，物事を明らかにするためである．あなたのグループの長所を5つ，そして取り組む必要のあることを2つ挙げてみよう．ミーティングを重ねる度にグループが成長していくのを確認する手助けとして，この振り返りの時間と目標設定活動とを活用しよう．

7）他者に込み入った事情を知らせる

あなたがミーティングに出席できない場合や宿題をやってこなかった場合，またそのミーティングを早めに退出しなければならないとき，ミーティングに遅れる可能性があるときなどは，議長にその旨を知らせよう．

8）チューターの役割を明らかにする

チューターが「自動的に」議長になることを前提にしているグループもある．チューターがテーブルの上座に座ったり，チューターが話し始めるまではだれも話をしないなどのことは，チューターが司会者であることを意味するシグナルといえる．これは，グループの成長のためにチューターが担うべき役割といえるだろうか．

意見の対立が生じたときや，グループの意欲が低下してしまったとき，また私たちが課題に没頭しているように見えないとき，あなたはチューターに事態を解決してもらおうと期待するだろうか．PBLであなたが成長していく中で，その時のPBLグループにおけるチューターの役割が何かを明確にしよう．

Dimock（1970），Sampsonら（1990），Johnsonら（1982）は，グループプロセスについてさらに詳細に触れている．

4．議長をきちんと務める

どんなグループにも議長は不可欠である．議長はリーダーではない．議長はファシリテーター（促進者）である．議長はグループ・ミーティングのニーズを予測する．そして議題を準備し，グループプロセスを促進する．議長は，自分がもっている課題と関連のある経験が必要な場合にはリーダーの役割を兼ねることがある．

1）グループのニーズを予測する

グループのメンバーは，いつどこでミーティングがあるのかを知る必要がある．またメンバーは，だれが参加するのか，なぜその人たちがグループのメンバーなのかを知っておかなくてはならない．これらの詳細および調整は前もって議長が決めておくべきである．メンバーは，ミーティングの目的や考えるべき背景的問題，ミーティングの準備のために各人がすべきこと，ミーティングに持参するものなどを，ある程度くわしく知っておくべきである．

特に議論を要する問題のときは，議長は自分で最善を尽くしてその問題に取り組んでみて（あるいは他者に委任して），前もってその考えをメンバーと共有しておくべきである．

2）議題を準備する

議題はミーティングに先立ってグループメンバー全員に送られなければならない．その中には，以下のことを含めなければならない．

- どこで：場所（必要なら地図を添付する）
- いつ：日時，ミーティングの所要時間
- 目的：
- 参加者リスト：
- ミーティング前に準備しておくこと：
- 持参するもの：
- 議題：各項目の順序とそれぞれにあてる時間

表5-3に，議題のサンプルを示す．

3）議事を進める

ゆとりをもって会場に到着するようにしよう．設備があなたの要求していたものと同じかどうかを確認しよう．議題のコピーは余分に持参する．時間どおりに来た人たちのことを考えて，ミーティングは時間どおりに開始しよう．そして時間どおりに終了させよう．「自分はグループの成功を手助けするためにそこにいるのだ」という姿勢をも

表5-3 協議事項の例（許可を得て引用）

課題　SDL-1　計画会議

目的：全体の問題が与えられ，主体的学習の概念を用いながら，必要な知識を修得する方法について計画する．

会議の種類：計画づくり
日時：1992年10月26日（月）13：30～
場所：JHE 342
参加者：
　　　カイル・ボーチャード
　　　マリリン・デグィリ
　　　ミシェル・グレツィンガー（司会）
　　　クレイグ・ノーマン
　　　スティーブ・スキッペン

事前準備：
目を通しておく文献：・"続・問題解決の技術"第6章
　　　　　　　　　　　・第4段階のワークブックのユニット3の問題と学習資源
　　　　　　　　　　　・コースの目標4，5，6，7，10
目的：
1) 学習契約をつくる：ニーズを究明する，目標へと推移させる，学習資源を確認する，（課題の）完了・達成を示す論拠（証拠）を提示する

2) グループメンバーに対して，まず個別に学習し，木曜日にグループ全体に報告（教授）してもらうための議題を割り当てる

議題：

1) （お互いを）紹介し，役割を割り当てる，目的と目標を確認し，協議事項を見直し，基本的な規則を作る：5分
2) 問題(点)を読む：3分
3) 学習契約をつくる：30分
4) 学習する上での責任と報告（教授）責任とを分ける：5分
5) 司会者によるアセスメント：7分

とう（自分の考えを人に受け入れてもらうためにそこにいるのではない）．さらに2つの提案を付け加えよう．

① Bernice Sandlerの法則を適用する．その法則とは，「1つの議題について20分間議論すれば，そのグループは次のことをする準備ができている．a) 意思決定をする，b) よりよい決定を行うために欠けている情報が何かを突き止める」である．20分後，あなたは同じ人がその人独自の考えを再び述べるのを耳にし始めることになる（しかし，議論はわずかに激しくなっている）．

② そのグループの，さらに分かれた小グループによるレポートに，単に手を加えるようなことはさせてはならない．その小グループが大きなグループに対して完璧な研究を報告した場合，グループはそれを受容するか，拒否するか，あるいは主要な問題が考慮されていなかったということで再評価のために差し戻すか，いずれかの選択をとるべきである．

4) フィードバックを求める

ミーティングの最後に，グループがグループとしてどの程度うまく機能したかを評価し（本章3.7）参照），そしてグループ全員で，議長役を務めた人に，議長として以下に述べる項目においてどうだったか，フィードバックを与える時間を設けよう．

・議論に奮闘するグループの意欲が高まるように，手助けすることに「積極的」だったか（1：

わずかに積極的～10：非常に積極的)
- グループ・プロセスに対して，妨害・干渉することで「否定的」な態度をみせたか（1：わずかに否定的～10：ひどく否定的）
- 私たちが効果的に仕事を進められるように「積極的中立」だったか（1：わずかに～10：非常に）
- 議論を進めていく強力なスキルが必要なときに，不毛な議論をして私たちを混乱させたりして「否定的中立」ではなかったか（1：わずかに～10：非常に）

私たちの経験では，議長というのは「否定的中立」に見えるときでも，多くは「中立」になろうという傾向がある．

5．意見の対立に建設的に対処する

グループが成長し，信頼が生まれ，メンバーが自分の本当の意見を提示するようになったとき，それぞれの考えやアプローチ，スタイルそして意見に相違が生じてくるであろう．そのときよいグループは「ばんざい！」と言えるだろう．なぜなら意見の対立からは，よりよい意思決定が生まれるからである．未熟なグループは，意見の対立を無視しようとし，対立がなくなってほしいと願うだろう．

第1に，姿勢を変える必要がある．すべての対立が悪いというわけではない．さまざまな違いを通して私たちは成長していく．対立は私たちに，他者の人となりの理解を試みる機会を提供してくれるので，それによって私たちは信頼を形成するのである．私たちは他者の多様性を尊重し，それによって成長していくことができる．

第2に，意見の対立に対処する方法は，決して1つではない．対立への対処のしかたは時と場合による．私たちはそれぞれ好みの，対立への対処法をもっている（図5-2のデータが例証しているように）が，その時々により臨機応変に対処する必要がある．例えば，次のようにである．
- 引き下がるべきとき（酔っぱらいが近寄ってきて，私たちに罵声を浴びせるとき）
- 強制すべきとき（家が火事になり，全員が直ちに避難すべきとき．交渉せずにすぐに退出せよ！）
- その他

このように，図5-2に示されている対立への5つの反応の型すべてを用いるスキルを身につけなくてはいけない．私たちは5章2, 5) で概説した6つの基準を適用して，適切な反応を選択すべきである（内容とコンテクスト，あなたの目標，時・場所・複雑性，信頼，あなたのスタイル，あなたと他者との関係）．

Buehlmanら (1992) とGottman (1993) は，人間関係をもっとも損なうような対立に対する反応は，以下のものであるとしている．
- 批判
- 軽蔑
- 防御
- 協力の拒否，あるいは引き下がること

人間関係において，上記の「否定的な」反応を用いてしまった場合，もしもよい人間関係を回復したいならば，否定的な反応1つに対し，少なくとも5つの積極的な反応を用いることで，ようやく均衡が保たれる．

6．扱いにくい行動に対する反応を緩和する

「扱いにくい人への対処」については，これまで数多くの本が書かれてきた．しかしその人物が扱いにくいのではない．彼らの行動が扱いにくいのである．ここではまず第一に，「シャングリラ（望ましい人間関係）」の第15の原則に従って，その人物ではなくその行動に焦点を当てることにする．

なぜ人の行動が扱いにくいのか．人が扱いにくい行動をつのらせる理由は，扱いにくい行動を利用して自分の目標を達成するためである．例えば，トムは自分の意見が通らないと，大きな声で叫ぶ．そして私たちを罵倒する．大騒ぎする．すると私たちは騒ぎを鎮めるために，彼の主張を通させる．「トムに逆らうな．彼は激怒するぞ」と警告を受ける．扱いにくい行動は見事に収められる．これは熟練したやり方である．扱いにくい行動をとる人自身を変えることはできない．しかし，彼らの扱いにくい行動に自分がどのように反応するかは，変えることができる．彼らは自分の扱いにくい行動があなたには通用しないことがわかれば，「おそ

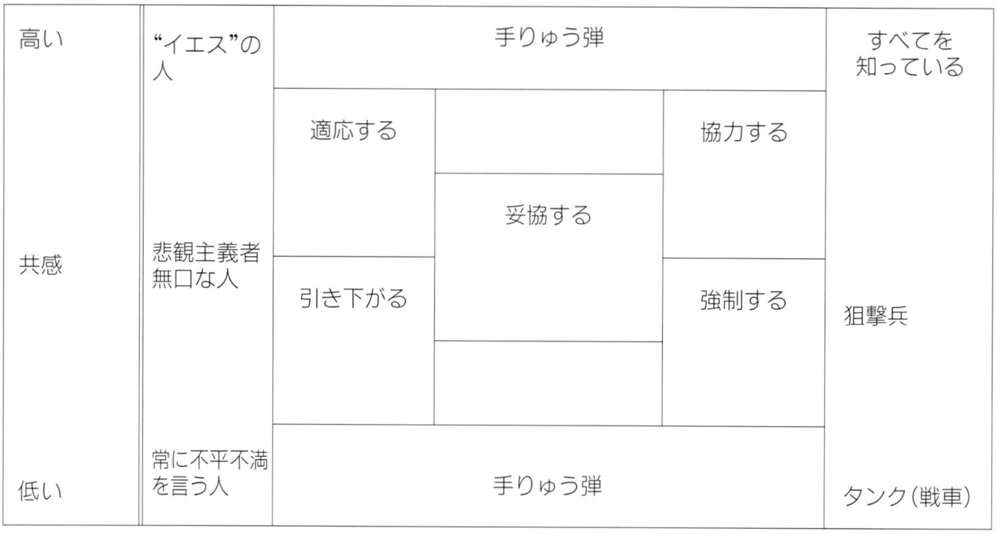

高い	"イエス"の人	手りゅう弾			すべてを知っている
		適応する		協力する	
共感	悲観主義者 無口な人		妥協する		狙撃兵
		引き下がる		強制する	
低い	常に不平不満を言う人	手りゅう弾			タンク(戦車)

図5-4 扱いにくい行動は，反応の選択肢の1つで，元気づけか，方向転換かのいずれかの延長である

らく」その行動をしようとはしなくなるであろう．第2に，彼ら自身を変えようとするのはやめよう．むしろ，彼らの扱いにくい行動へのあなたの反応を変化させよう．

　扱いにくい行動とは何か．Ruhl(1988)によると，84以上の扱いにくい行動が確認されているが，それは4つの基本的グループ（好戦的な人，意気地のない人，無駄口をたたく人，泣きごとを言う人）に分類することができ，それはさらに10の小グループに分かれるという．これとは違う用語と分類を使っている人もいる（Bramson, 1981; Rhode, 1989; Solomon, 1990; Cava, 1990; Brinkman and Kirschner）．これらの行動は，対立への対処のスタイルの極端な拡張形ととらえることができる．図5-4は，図5-2で示された5つの選択肢を拡大したもので，8つの一般的なタイプをつくり出している．行動の名称や特徴，基盤を知ることは，その行動に反応するための戦略を選ぶのに役立つ．

　その行動に反応するときには，次のようにする．

1）1章で示した怒りのモデルを思い起こしてみよう．不適当な意見と反応が，エスカレートのサイクルのきっかけとなる（図1-2はこのサイクルの説明である）．このサイクルを断ち切ろう．否定的に反応したり，仕返しをしたりしてはいけない．怒りを管理しよう．まず自分自身をコントロールし，そして自分の人間関係の価値を重視しよう．

2）それが本当に扱いにくい行動であるかどうかを判断する．自分がその行動をしているのか，他者がその行動をしているのかをチェックする．彼らが自分がしていることを意識しているかどうかを確認する．思慮深くかつ決断力をもって反応する．

3）それが彼らにとっても扱いにくい行動である場合は，あなたの反応を修正する．望ましい反応のパターンは似ているものだが，異なる行動には少し変化をつける必要がある．特定のタイプの扱いにくい行動の対処法に関して詳しい提案を知りたい場合は，Brinkmanらのビデオをお勧めする．

7．チームをつくる

　表5-4は，グループとチームの違いをまとめたものである．図5-5は，グループからチームへと推移していく成長過程をまとめたものである．ここでは，課題と意欲の両方の要素が発展する．課題にかかわる要素は，目標や手順に関してメンバーが同意に達し，監察方法が改善していくことで変化する．意欲にかかわる要素も同じように修正されていく．表5-5は，グループが用いるべきフィードバックの形を提示している．

表5-4 グループとチームの比較

グループ	チーム
各人が異なる主張を提示する．各人が自分独自の隠れた議題を持っている．他者の利益を犠牲にして，自分の利益グループに利点が得られるように努める．	各人がチームの目標を受け入れ，個人的かつ部分的な目標よりもチーム全体の利益を先行（優先）する．
各人が役割を認識しておらず，他者の意見を代表していない．	各人が担うべき役割を持っている．各人の役割や，チームに対する貢献について各人が理解している．
意思決定は投票（多数決）によってなされる．数の上で最も優秀なグループにとって最善の選択が受け入れられる．	合意（全員一致）に基づいて意思決定がなされる．チームにとって最善の結果が受け入れられる．
個人間の葛藤が生じると，「私はもう永遠にこの委員会に参加しない」という理由で，その葛藤を無視する．グループは葛藤を解決する方法を何ももっておらず，ただ困惑するだけである．	葛藤の大部分が取り上げられ，解決される．グループには葛藤を解決するための公認の方法がある．葛藤を解決する能力は重要な技法である．
会合を欠席したとして，それがどうしたの？関係ないわ．	あなたはチームの成功のために必要とされているので，会合を欠席してはいけない．
グループ全員が笑みを浮かべつつ，中間的，あるいは共通の（一般的）技法のみを受け入れる．2＋2＝3となる．	チーム全員が自分のすべての技法をチームに寄与するため，チームの総合力は個々人の努力の集約を上回る．チームのメンバーはお互いの欠点を隠さずありのままにお互いを受容する．2＋2＝7となる．
「私は」の態度	「私たちは」の態度

チームが成長し，より多くの義務と権利が与えられていくにつれて，チームとメンバーの責任も増大する．自由と責任とは表裏一体なのである．

チームおよびチームづくりの詳細については，Phillipsら（1989），Francisら（1979），Scholtes（1992）を参照してほしい（最初の2つの文献はグループおよび集団のプロセスに焦点を当てており，最後の文献ではDemingのアプローチと総合的質管理の要素とをまとめている）．

8．まとめと成長の監察方法

進んだグループとは，メンバー1人ひとりが自己認識をもち，自分に自信をもち，他者の考えの多様性を尊重できることによってはじめて成り立つ．メンバーは人間関係の基本原則を活用する．つまり，自分自身に対して7つの基本的な個人の権利を与えかつ要求し，個人間の「シャングリラ（望ましい人間関係）」のための指針を上手に適用でき，フィードバックの重要性とその与え方・受け方を理解し，また信頼を築くようにふるまうことができる．

他者の話を聞き取り，反応するためのSIERモデルが示されている．これは，効果的なコミュニケーションおよび意見の対立への対処，扱いにくい行動への対処の基礎になるものである．反応を選択するための基準が示されている．

有用なグループメンバーの7つの特質を挙げてみよう．すなわち，①意欲と課題の両方が重視されている，②リーダーシップが共有されている，③すべてのグループが議長を必要とする，④グループが成長する，⑤グループの中で多様な役割が必要とされる，グループのミーティングを監察して，⑥グループが成熟していき，⑦効果的なチームになるのに役立っている，の7つである．以上，効果的な議長になること，意見の対立に建設的に対処すること，扱いにくい行動に対処すること，そしてチームを作り上げることの指針を示した．

表5-5は，チームの成長・発達を監察するために活用できるチェックリストである．

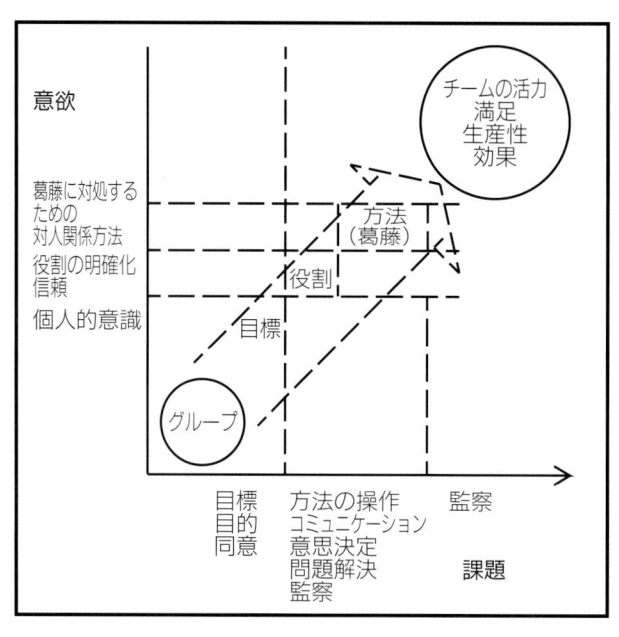

図5-5 意欲と課題の構成要素の成長発達

文献

Bolton, R.(1979)"People Skills,"Touchstone Book, Simon and Schuster, New York, NY.

Bransom, R.M.(1981)"Coping with Difficult People in business and life,"Ballantine Books, New York, NY.

Brinkman, R. and R. Kirschnre(undated)"How to Deal with Difficult People,"Careertrak videotape, Boulder CO.

Buehlman, K.T., J.M. Gottman and L.F. Katz(1992)"How Couples View Their Past Predicts Their Future: Predicting Divorce from an Oral History Interview,"J. of Family Psychology, 5, 3&4, 295-318.

Cava, R.(1990)"Difficult People,"Key Porter Books, Toronto, ON.

Cawood, D.(1988)"Assertiveness for Managers: learning the effective skills for managing people,"2nd ed. Self Counsel Press, Toronto, ON.

Covey, S.R.(1989)"The 7 Habits of Highly Effective People,"Fireside Book, Simon and Schuster, New York, NY.

Dimock, H.G.(1970) a series of four booklets: "Factors in Working in Groups,""How to Observe your Group,""How to analyze and evaluate group growth,"and"Planning group development,"Sir George Williams Bookstore, Concordia University, Montreal, PQ.

Francis, D., and D.Young(1979)"Improving work groups: a practical manual for team building,"University Associates, San Diego, CA.

Fritchie, Rennie(undated)"Working with Assertiveness," BBC. London, UK.

Gottman, J.M.(1993)"The Roles of Conflict Engagement, Escalation and Avoidance in Marital Interaction: a Longitudinal View of Five Types of Couples,"J. of Consulting and Clinical Psychology, 61, 1, 6-15.

Hogan, C., and D. Champagne(1974)"Personal Style Inventory,"University Associates Annual, San Diego, CA.

Johnson, D.W.(1986)"Reaching Out,"Prentice-Hall, Englewood Cliffs, NJ.

Johnson, D.W., and F.P Johnson(1982)"Joining Together: group theory and group skills,"2nd ed., Prentice-Hall, Englewood Cliffs, NJ.

Keirsey, D. and M. Bates(1984)"Please Understand Me: Character and temperament types,"Gnosology Books, Del mar, CA.

MPS 27, "Group Skills,"Department of Chemical Engineering, McMaster University, Hamilton, ON.

MPS 43, "Giving and Receiving Feedback,"Department of Chemical Engineering, McMaster University, Hamilton, ON.

MPS 44, "Assertiveness,"Department of Chemical Engineering, McMaster University, Hamilton, ON.

MPS 45, "Coping Creatively with Conflict,"Department of Chemical Engineering, McMaster University, Hamilton,

表 5-5 チーム技法の発展のためのフィードバック

課題

役割	+/−	内容			評価
観察者：課題プロセス	+	監視する，方向づける，要約する			すべてが明らかで，全員がチームの目標に専心する．積極的に役割を引き受ける．全員が意思決定に影響を与える．個人活動再開のための解散時期を把握している．
提供者：情報・意見	+	確信を持って情報を与える			全員が個性的な技法を提供する．幅広い情報を収集する．全員が必要な技法の全域を修得している．
探索者：情報・意見	+	質問する，意見を求める，理解度を確認する			広く情報を探索する．率直である．反省し，チームを作り上げていく．
元気づける人：危険を引き受ける人	+	非常に熱心である，新しいアイデアを出す，無気力ではない			不可能も可能にできるという信念がある．

意欲

役割	+/−	内容			評価
観察者：対人関係のプロセス	+	対人関係のダイナミクスに敏感である，コメントをする			信頼度が高い．団結している．
	−	葛藤を無視する，緊張がある，だれも観察しようとしない，無視する			
提供者：賞賛，支援	+	お互いの支援を示す，あたたかな反応をする			メンバーであることに誇りを持つ．団結心が高い．
	−	グループの多様性がなくなる，少数者や一人を支援する傾向がある			
探索者：対人関係の問題解決者	+	葛藤を解決する方法論がある，葛藤を解決する			葛藤を解決する方法論を持つ．好んで葛藤や不一致を活用する．
	−	葛藤を効果的に対処しない，私的な議題（が進められる）			
元気づける人：緊張緩和	+	満足感がある，「私は」の態度			柔軟性がある．誇りを持つ．「私たちは」の態度がある．
	−	何名かが退出してしまう，緊張			

D.R.Woods, "How to Gain the Most from PBL," 1994 より．

ON.

MPS 52, "Interpersonal Skills," Department of Chemical Engineering, McMaster University, Hamilton, ON.

MPS 53, "Teams and Team building," Department of Chemical Engineering, McMaster University, Hamilton, ON.

Myers-Briggs Type Indicator(MBTI), Consulting Psychologists Press, 3803 E. Bayshore Rd., Palo Alto, CA, 94303.

Phillips, S.L., and R.L.Elledge(1989) "The Team Building Source Book," University Associates, San Diego, CA.

Ruhl, Anne(1988) workshop on "Influencing difficult people," McMaster University, Hamilton; article "Managing your difficult person," Personnel Matters Newsletter of McMaster University, Dec 1991, p3. and Jay Gibson(1987).

Rhode, Helga(1989) "Assertiveness Traning for Professionals," Career Track videotape, Boulder, CO.

Ryan, L.R.(1970) "Clinical Interpretation of FIRO-B," Consulting Psychologists Press, Palo Alto, CA.

Sampsom, E.E. and M. Marthas, (1990) "Group process for the health professions," 2nd ed., Delmar Publishers Inc., Albany, NY.

Sandler, B.(1988) personal communication.

Scholtes, P.R., (1992) "The Team Handbook: how to use teams to improve quality," Joiner Associates, Inc., Madison, WI.

Schutz, W.C.(1958) "FIRO: a three-dimensional theory of interpersonal behaviour" Holt, Rinehart and Winston, New

York, NY. see also Ryan 1970 and Whetten and Cameron, p.55.

Solomon, M.(1990)"Working with Difficult People," Prentice Hall, Englewood Cliffs, NJ.

Steil, L.K., Summerfield, J. and G. deMare(1985)"Listening: it can change your life,"McGraw-Hill paperback, New York, NY.

Whetten, D.A. and K.S. Cameron(1984)"Developing Managemant Skills,"Scott Foresman, Glenview, IL.

Woods, D.R. and S.D. Ormerod(1993)"Networking: how to enrich your life and get things done,"Pfeiffer and Co., San Diego, CA.

第6章
自己主導型・相互依存型・小グループによるPBL

　ある問題に取り組んでいる学生の小グループに指導をするのはだれだろうか．エゴ教授がチューターになった場合は，こう言うだろう．
　「アーニーのグループの問題で君たちが取り組むべきことはこれだ」
　このやり方と，学生同士が自分たちにとって重要と思われることを自ら決めていく自己主導型学習とを比べてみよう．自己主導型・相互依存型学習では，グループは当初の目標設定以上のことができる．すでに第2章で概略を述べたように，グループはPBLの8つの課題（2章の第2頁目参照）すべてに取り組む責任を負っている．ここで再びこのことについて述べよう．
　このような課題に取り組む責任を負うというのは困難な仕事である．学生はやる気は十分あるのだが，責任を負う姿勢ができていない．ある学生が日記にこう書いているように．
　「このトピックは先生にとってとても重要だったようで，先生は学生に自己主導型のやり方で学習させてくれなかった」
　それでもあえて自己主導型の学習をする理由は何か．
　簡単にいえば，すでに確立している知識を学ぶだけでは明日の課題に立ち向かうには不十分だからである．常に最先端の情報に通じている必要がある．この先ずっと，毎週新しい知識を覚えていくことである．さらに，端的にいえば，トレーニングを積むことで，最新の情報内容をより良く覚え，かつ人生に必要な学習スキルを身につけられるようになる．知識の量は5年たつと倍になる．

今の若い人たちは，専門職として人生の中で5回キャリアを変えることになるだろう．大学を卒業した人々にどうしても必要になるのは，生涯学習のスキルを身につけることである．新聞にはこのことが大々的に書き立てられた．したがって，自己主導型・相互依存型学習に習熟する必要がある大きな理由は，それによって将来の成功に不可欠な学習スキルを習得することにつながるからなのである．
　この章では，学習のためにとりうる方法について検討し，それぞれの長所・短所をあげる．考えられる選択肢には，教師指導型学習，自己学習，自己主導型・独立型学習，そして自己主導型・相互依存型学習がある．

1. 学習のための選択肢

　表6-1には4つの選択肢があり，それぞれが学習理論の基礎の応用，目標の選択，テキストの選択，難しいトピックを論じることや学習の質を評価することなどの問題にどのように取り組むかを比較している．表6-2はPBLの8つの課題，あるいはほかの学習状況によく似た問題のリストである．この中には表6-1であげられている問題に関連したものもある．しかし，ここではそれぞれの課題を達成する責任をだれが負うのかは示されていない．
　「教師主導型」では，すべての問題に関して教師（あるいはチューター）が責任を負う．これを表6-2でみると，左側の欄の項目のすべての活動

表 6-1 教師主導型の学習と他の学習方法との比較

	教師主導型	自己学習	自己主導型・独立学習型	自己主導型・相互依存型
学習方法の教育的基礎	知っており，用いなくてはならない	ほとんど知らない，直観にもとづく	知っており，自己学習を助けるために用いる	知っており，科目の自己学習をするために，そして他者にも教授するために用いなければならない
課題と目標	多くの課題を考慮し，適切なものを選択し，目標を明確に定める	直感的ではあるが，明確ではないかたちで目標を定める。授業科目についての多くの課題を考慮しない	学生が明確に目標を定め，科目に関係のある多くの課題を考慮する	グループが課題を考慮し，明確に目標を設定する
学習資源（情報源）	人に情報を求める，学習資源の幅広い多様性を考慮する，そして最も適切なものを選択する	たいていは1冊の本から入手する	学生が多くの事柄を探索し，適切なものを選択する。他人に助言を求めることはほとんどない。「自分自身でそれを実行したいんだ」	他者に学習資源としての役割を期待する。グループが学習資源の幅広い多様性を考慮する
難しいトピック	難しい概念を通して苦悩し，「それを学習する」ための別の方法を開発する	難しいトピックについてはあきらめることもある。そして，「もし私がその事柄を全然理解できないのなら，それが重要でないことを期待する」	難しい概念を通して苦悩する	難しい問題を通して苦悩する。そして，それを「グループに教える」ための別の方法を開発する
アセスメント：基準，証拠		試験を避けるべきものとしてとらえる。自分で試験を設定することはほとんどない。「私は知っている」と想定する．	学生は目標が達成されていることを自己評価するために，自主制作試験を設定することもある	基準を設定し，学習する主題の知識と，学習に用いられるプロセスとの両方のために供給されるべき証拠の形態を選択する
知識の構造と状況	教師が知識の構造や状況を構築することもある	知識の構造や状況をほとんど知らない	新しい知識がどのように／どこで適用されるかを知るために，構造を構築する	問題状況を解決するために，新しい知識を適用することによって構造を構築する
新しい知識と個別の経験とを関連づける	新しい知識と個別の経験とを関連づけるために，活動を計画する	ほとんど関連がない	知識適用について，ときどき考える	

にチューターがあてはまることになる．今の段階では，この選択がいいと思うだろう．しかし職についてからは教師にいつでも会えるということはない．生涯学習のためには，何かほかに頼れる方法が必要になる．

「学生主導型」では，表6-2のすべての活動に関して学生が責任を負う．これは表6-2の右側の欄に示される．この型には3つのヴァリエーションがある．「自己学習」では，学生は学習を改善するための基本原則を知らないまま，直観的に知っていることだけをやる場合が多い．自分が責任を負っているのだからもちろん熱意はあるのだが，この場合の学習は大きな成果を生むことも，逆に大失敗となることもある．結果は，この両方が普通である．一定の枠組みがあって，自己主導の意識が明確であれば，助けにはなるだろう．しかしそれでもなお，「生涯学習のスキル」はあまり身につかないのである．

学生主導型には，このほか自己主導型・独立型学習と自己主導型・相互依存型学習というヴァリ

表6-2 それぞれの活動にだれが責任を負っているか

活動	チューター	両者共有	学生
問題を抽出する			
課題を認識する			
目標と基準			
情報源を抽出する			
アセスメントを構築する			
アセスメントを実行する			
知識を問題に適用する			
プロセスを振り返る			

エーションがある．これを順にみてみよう．

2．自己主導型・独立型学習

　自己主導型・独立型学習では，学生はすべての活動を自ら背負い，自分自身にしか頼らない．彼らは自分の学習の傾向やスタイルに非常に気を配るようになる．

　このスタイルの有利な点としてあげられるのは，学生に熱意があること，そして自分のニーズを満たすために「生涯学習のスキル」の組織構造や基本原則を学び，応用するということである．これによって情報の調べかた，評価のしかたを学ぶことができる．つまり，独立することを学習するのである．

　不利な点は，「学習する」ことを学習しなくてはならない点，目標と基準を設定し，自分で学習の取り決めをして，学習目標に到達したことが自分でわかるように，自己訓練をしなくてはならない点である．それはすべて正しく，良いことといえる．しかし，新しい情報を習得するための最善の方法，もっとも利用しやすく，もっとも有効な方法は，「だれかに尋ねる」ことである．人がもっともすぐれた情報源なのである．その道の世界的権威に20ドルの電話をするだけで，何千ドルも費やして図書館からその情報を捜し出す必要がなくなる．さらには，自分も専門分野の世界的権威になれるのである．このような専門知識を他人に教えることができるためには，あるスキルが必要である．つまり，他人がするであろう質問を予測し，また自分の説明を順序よく整理していくということである．ここには相互依存の関係がある．PBLの考え方に沿ってこのスキルを学んでみよう．

　さらに不利な点は，この自己主導型・独立型学習のスキルは小グループのPBLには不足であるということである．グループによる作業の流れやグループの目標の選択，既得の知識を利用した問題解決スキルのグループでの応用などと，ひとりで行うこととは相いれないのである．

　小グループのPBLという形が生かされるためには，メンバーに自己主導型・相互依存型学習のスキルを駆使する能力がなくてはならない．

3．自己主導型・相互依存型学習

　自己主導型・相互依存型学習では，学生グループが責任を負っている．個人個人が教える仕事を分担して，互いに教え学び合う．例えば，グループのミーティングでは，必ずジゼルは教師になる（その専門家であるとき）と同時に，生徒にもなる（仲間のオードリーから何かを学ぼうというとき）．彼女は自分の学習を高めるために，真実を突き止められるような質問をすることを学ぶ．仲間や周りの人々から知識を引き出すことを学ぶので，書

表 6-3 MPS プログラムにおける各活動にだれが責任を負っているか

活動	チューター	両者共有	学生
問題を抽出する	●		
課題を認識する			●
目標と基準		●	
情報源を抽出する			●
アセスメントを構築する			●
アセスメントを実行する			●
知識を問題に適用する			●
プロセスを振り返る			●

物を調べる必要もない．そして，すべて自分で学んでしまいたい誘惑に打ち勝てるようになっている．はっきりいって，急速な知識の拡大と1日24時間という限界を考えると，ひとりの人間がそれをすべて読んで知るということは不可能である．

この方法の有利な点は，人がもっとも優れた情報源であるという認識の下で生涯学習のスキルを身につける点である．このような相互依存の「生涯学習のスキル」は，1人だけの生涯学習のスキルよりも優れている．

不利な点は，自分のために情報を学ぶだけではなく，その情報を人に伝え教える技能を身につける必要もあるということである．これはまさに大変な仕事である．

4．自己主導型・相互依存型・小グループの PBL の形を最大限に活用する

学習するという見地からすると，PBL という形が有利であることはすべての研究によって指摘されている．私たちはより多くのことを，より良い形で学習することができるし，その知識は統合されて，より取り出しやすく応用のきく形で記憶される．それに加えて，私たちは人がもっとも優れた情報源であるという認識の下で生涯学習のスキルを習得しつつあるのである．しかし，この方法を最大限に活用するためには，自分の自己主導型・相互依存型学習のスキルを振り返り，よく考える必要がある．

5．まとめ

自己主導型・相互依存型学習をすることによって，グループのメンバーは，グループ学習の目標を立て，基準を作成し，学習のリソースを選び取り，新しい知識を得てそれをほかのメンバーに教え，どのくらいその新しい知識が身についたかを評価し，その知識を使って問題を解決し，共に学習し成長するために使った方法を振り返り，改善するという責任を負う．

このようにしてグループのメンバーは意欲を出し，新しい知識をさらに効果的に学習し，人間関係や生涯学習に必要なスキルを身につけるのである．

第7章
自己主導型・相互依存型学習のスキル

> ラヴィンダーのグループ
> 「わからないわ．私は血小板異常が点状出血に与える影響について勉強すると言ったでしょう．ちゃんと勉強したのよ．血小板の正常値(150,000〜400,000／ml)も教えてあげたでしょう．検査法も知っているわ．可能性としては……」キャロラインの愚痴はまだまだ続く．
> 「知ってるよ」とリッチーは思う．「でも僕らにはまだ君の主旨がつかめない．ほんとにわからない．この分だと，徹夜でもして1人でフリードマンの本を読んで勉強するしかないな」
> 「君の言ったことは一応わかるけど」ラヴィンダーが口をはさんでみる．「でもあれだけじゃ僕には理解できなかったんだよ」
> 「私は理解したわ．どうしてみんなにはできないの」キャロラインがきつく反論する．
> 本当に，どうしてみんなにはできないんだろう……

このグループには，自分たちにとって意義のある学習目標がどのようなものかがわかっている．メンバーは各自の主題を学び，その知識をグループにフィードバックして教える責任を引き受けている．それをうまく教えて，ラヴィンダーのグループにいたリッチーのような思いをするメンバーがいないようにしなければならない．全員がその主題について十分に「わかった」と思うようでなければならない．この問題では特に，キャロライン以外にその主題を理解できた人がいなかったことに注目してみよう．

小グループのPBLでは，メンバーは自己主導型・相互依存型学習者としてグループで活動する．

この状況を作るにあたって，自己主導型・相互依存型学習についてどんなことを知っているだろうか．

おそらく読者の方は既に自己主導型・独立型学習はうまくできるだろう．では自己主導型・相互依存型学習についてはどうだろうか．問題点の見つけ方，測定できる基準と一貫した，目にみえる目標の作り方は知っている．学習のリソースもわかっている．自分のために情報を学習して，その情報を何度も利用することもできる．それなら，それを他人に効果的に教えることもできるはずである．この状況の問題点やその詳細を既にすべてわかっている場合は，この章をとばして次の章へ進んでかまわない．

この状況で問題となるのは何か．

自己主導型・相互依存型学習で問題となるものをいくつか図7-1に示した．特にあげておきたいものは以下のことである．

1) 自分自身の独立型学習と相互依存型学習の両方の基礎を知り，応用できること
2) 目標の達成度を示す測定可能な基準と一貫した，目にみえる学習目標を作ることができること

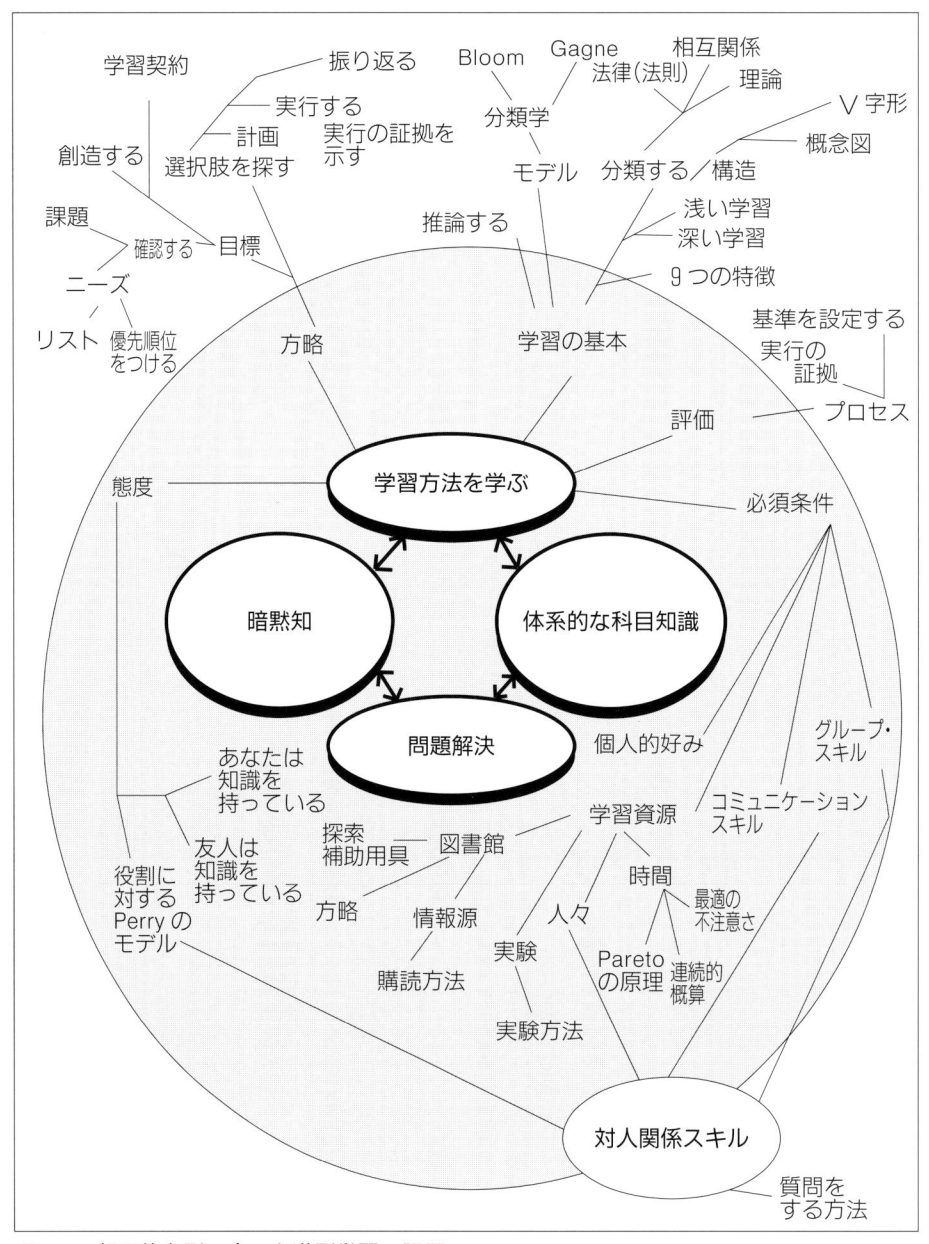

68　PBL　判断能力を高める主体的学習

図7-1　相互依存型・自己主導型学習の課題

（図中の語）
学習契約／振り返る／Bloom／Gagne／相互関係／法律（法則）／理論／創造する／実行する／実行の証拠を示す／分類学／V字形／課題／計画／選択肢を探す／モデル／分類する／構造／概念図／ニーズ／確認する／目標／推論する／浅い学習／深い学習／リスト／優先順位をつける／方略／学習の基本／9つの特徴／基準を設定する／実行の証拠／プロセス／態度／評価／学習方法を学ぶ／必須条件／暗黙知／体系的な科目知識／問題解決／個人的好み／グループ・スキル／コミュニケーションスキル／あなたは知識を持っている／友人は知識を持っている／学習資源／探索補助用具／図書館／時間／最適の不注意さ／役割に対するPerryのモデル／方略／情報源／実験／人々／Paretoの原理／連続的概算／購読方法／実験方法／対人関係スキル／質問をする方法

3）情報のための良いリソースがどんなもので、どこにあるのかをわかっていること
4）情報を批判的に（そして建設的に）評価し、自分が正しいと信じるものをはっきりさせることができること
5）忍耐力と発言力、そして難しい問題でも解決するスキルとを身につけること
6）自分の知識の表現に関しては、ほかの人がその知識を効率よく、効果的に、正確に学べるように、また彼らがそのすべての基礎を頭に入れておいた上で学べるようにすること。彼らはその考えを応用させたり問題を解いたりしようと考えるだろう。
7）新しいトピックの基礎をすべてつかむために、うまく質問したり他人から情報を聞き出すことができること。自分だけで学習しよう

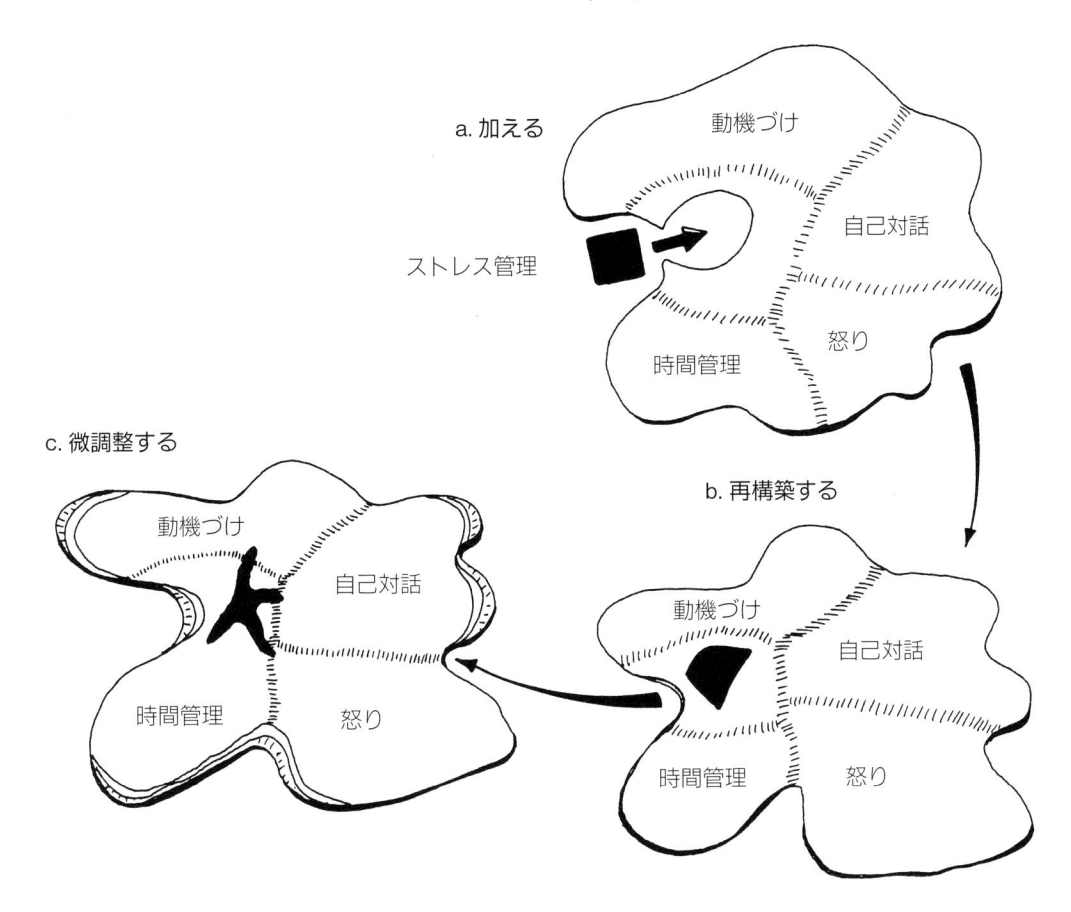

図7-2 新しい知識を加え，今ある知識を再構築し，構造を微調整することによる学習

などとは考えないこと
8) 問題解決のために，関連する新しい知識を利用できること
9) 仲間を有益な情報源として評価すること

このような問題について，それぞれ順に考えていこう．読者の方は自分の知りたいところを早く読みたくてたまらないだろう．

1．学習の基礎を応用する

学習とは何か．どうしたら学習を改善できるのか．どうしたらうまく他人に学習させることができるのか．

学習とは，ばらばらの考えを記憶することではない．新しい知識は，私たちが長い間蓄積してきた記憶の中にある知識体系に「加えられる」．この体系は「再体系化され」て，新しい思考パターンを創り出したり，新旧体系間の結びつきを拡大したり，あるいは新たに創造したりする．そのパターンは様々な目的に沿ってより効果的にするために「微調整が行われる」(Norman, McKeachie, 1978 より引用)．例えば，私たちは以下のような考えを知って，応用することができる．

- モチベーション，自己対話(self-talk：個々人の心の中でなされる会話)，怒り，時間管理，という知識体系にあるとしよう．しかし「ストレス」についてはち合わせ知識はない．私たちは Selye(1975，1978) と Michenbaum(1983)の著書を読んで，「ストレス」についての新しい知識を得ようとしている．この新しい知識「ストレス」は図7-2a で四角く黒い知識集合体として描かれている．その新しい知識を待ち受ける原知識体系には，そのための丸い空間がある．
- ストレスについて読み進むうちに，これがモチベーションに影響を及ぼし，また自己対話

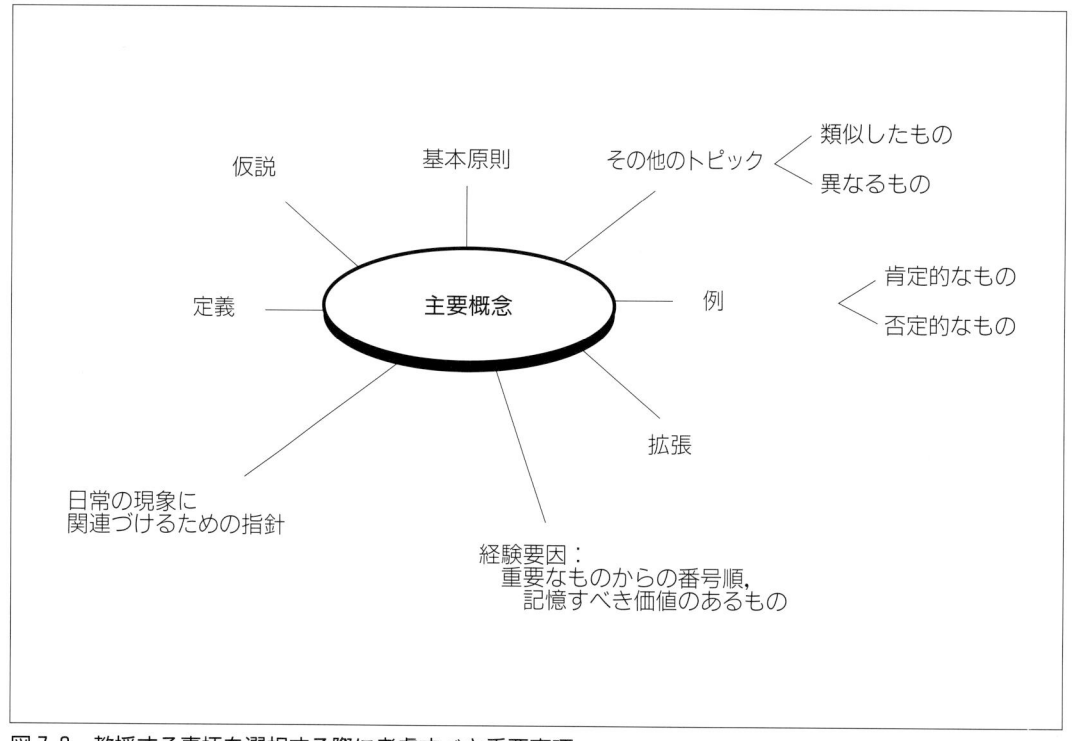

```
                仮説      基本原則    その他のトピック ─┤ 類似したもの
                                                        異なるもの

                                                      ┤ 肯定的なもの
        定義 ────( 主要概念 )──── 例
                                                        否定的なもの

                                    拡張

         日常の現象に
         関連づけるための指針

                          経験要因：
                          重要なものからの番号順，
                          記憶すべき価値のあるもの
```

図7-3　教授する事柄を選択する際に考慮すべき重要事項

や時間管理，怒りをコントロールする能力からは影響を受けるということがわかってくる．このようにして私たちは，こういうものについてあらかじめ持っていた考えを少しずつ変えていく．これらすべてに対する理解のしかたが変わってくるのである．図7-2bでそれを示しているのが，体系に埋め込まれた黒いかたまりである．

- 微調整が起こると，この新しい知識のおかげで色々な状況での対応のしかたや問題解決のしかた，問題の答えかたが変わってくる．このようにして，図7-2cのように全体系が微調整されるのである．

では，どのようにこれを行うのか．

1．まず動機づけをする：新しい知識を加える理由を自分に与える．その際それが本当に役立つものかどうか見極めなくてはならない．例えば，取り除くべきジレンマや解決すべき問題を提示するとか，学習によって得られる知識で自分ができるようになることをはっきりさせる，などである（Bird, 1990）．

2．目的，これを持つこと：目的が動機づけてくれる（Klausmeier, 1971）．目的が私たちの行動を改善させる（Harrisberger,1974; Stice,1978;Locke et al.,1981）．学習目標や学習目的を創ること．この目的が「目にみえる」ような言葉で書かれるようにする．

目的だけでは不十分である．目的を達成したかどうかをあいまいにしないために，目的を達成したことがわかるような，測定できる基準を設定する．

3．前後関係を与える：新しい知識をそれまでの知識に関係づける．どんな主題も何らかの前後関係の中にある．つまり全体像がある．新しい知識と過去の経験(あるいはそれまでの「知識体系」)との間には関係がある．学習者がその前後関係を把握するようにしなければならない．

4．何を学ぶか：新しい知識のパーツを選ぶ：このパーツとは,前置き,(これが適合するような)方向づけ，定義，キーポイント，キーポイントやその元となる基本原則を証明するもの，キーポイントの発展，肯定的な例と否定的な例，条件と制限，キーポイントと他のトピックとの関係，その

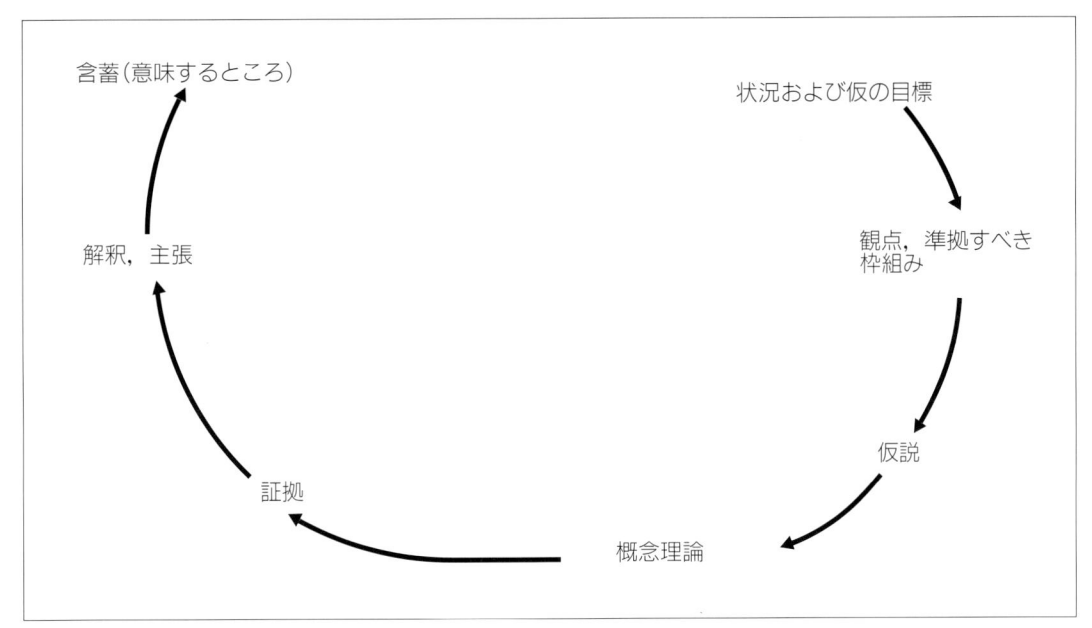

図7-4 推論にもとづく議論について教授する事柄を選択する際に考慮すべき重要事項

現象や余談の実際的な価値，などである．

Brown と Atkins(1988)がこれについていくつか記している．図7-3は，内容を選ぶための枠組みとしてこれを要約したものである．その新しい知識に筋の通った証明が必要なら，図7-4にPaul(1988)が別の枠組みを概説している．まず状況があり，それによって視点や言及する範囲が選択される．これは順に，仮説を生み，それが概念と理論につながって，適切な証明を生み出す．このサイクルでは次に解釈あるいは主張がなされ，それが結果や密接なかかわり合いへと発展する．図7-3と図7-4は，何に取り組み，何を学習したらよいかを選択する上で役立つ．

5．体裁を整理する：順序を選択する：学習を順番に並べる．具体的な内容から抽象的な内容へ，単純なものから複雑なものへ．私たちはそれぞれ違った言葉でものを考える．抽象的な言葉が好きな人もいれば，具体的なほうを好む人もいる．Clement(1978)は，図7-5に示されるように，4つの内的思考レベルとしてこれを図解している．このすべてのレベルで考えること，かつ柔軟にレベルを変えることができなくてはならないが，私たちは下から上へと上達することを学ばなくてはならない．これに関連した方法を，違う表現で，Kolb(1979)，Karpluset al.(1990)，Piagetら(1975)，そ

してMcCarthy(1980)らが提唱している．彼らは図7-6にある4段階の学習サイクルによる説を唱えている．私たちはまず，ある具体的な出来事を経験する．それを考えながら観察し，「〜だとしたらどうだろう」と疑問に思う．徐々に抽象的な概念や仮説を作り出し，それから実践的な応用を提案する．このようにしてこのモデルは，経験から観察へ，そして抽象へ，行動へと変化して学習することを提案している．

以上のように，私たちは常に，観察するものから理論的なものへと学習をすすめるべきである．

Bloom(1956)，Krathwohl(1964)そしてSimpson(1966)らは，学習は3つの領域に分けられると主張している．思考，意見，実体感あるいは精神運動である．これらについてそれぞれ私たちは単純なものから複雑なものへと学習をすすめるべきである．例えば新しい知識について考えると，まず新しい知識を記憶し，そしてこの知識を以前からもっている知識のどこに結合させるかを理解して，明確な状況に応用し，そしてさらに難しい課題である分析・総括・判断にも徐々に応用させていくのである．

このようにして，知識は身につけられ，徐々にさらに複雑な状況に応用されていく．これは図7-7に要約されている．私たちはいつも単純に始め

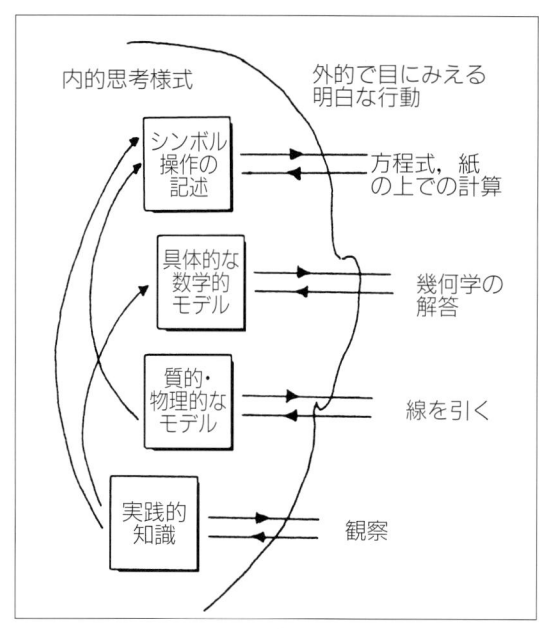

図7-5 Clementの内的思考様式
（許可を得て引用）

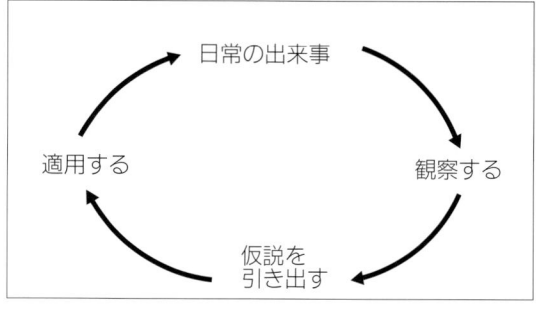

図7-6 学習サイクル

るべきである．

　私たちは順序や様式を学習者の好きなスタイルに合わせる必要がある．言葉で考える人もいれば絵や図で考える人もいるし，方程式や表がよいという人もいる．自分の好きなスタイルは何だろうか．おそらく鍵となるような大事な概念は，その人の好みにかかわらず，すべての人が理解できるように色々なかたちで表されるべきだろう．FelderとSilverman(1988)，Felder(1990)は，学習者の違いを次の5通りにまとめている．

- ユングのS-N次元傾向：Sは例や明確な考えを好む．Nは抽象的な理論や原理，そして全体像を好む．
- Kolbの活動派／熟考派傾向：活動派は行動してデータを調査分析することを好む．熟考派は情報について考えることを好む．
- 帰納法派／演繹法派傾向：帰納法派はデータと証拠をまず最初に示し，次が理論となることを好む．演繹法派はその逆を好む．
- 視覚派／聴覚派傾向
- 連続派／全体論派傾向：連続派は資料を一度に提示して徐々に複雑さを増していくのを好む．全体論派は最初から複雑な全体像を好む(Felder,1990a)．

　以上のように，私たちはグループのメンバーの学習スタイルの多様性を説明するため，普段から順序立てることや様式を目標にしなければならない．

　要するに，観察するものから理論的なものへと学習をすすめ，シンプルなものから始め，グループのメンバーが好む学習スタイルを説明するためにプレゼンテーションを順序立てる．

　6．プレゼンテーションの計画を立てる：その進行を言葉で説明する：新しく加えられた知識は様々な要素を持っている．図7-3に示されたような定義，説明，例である．その様々な要素について考えていく進行の有り様を言葉でまず説明する．「まず例です．次は定義です．そして詳細を説明します，……」Ausubel(1960)は，これらをアドヴァンス・オーガナイザー(進行まとめ役)と呼んでいる．こうしたものがあれば，この先どのようにして情報を与えられるのかを把握する助けとなる．

　7．再構築を説明する：再構築に際して問題となるのは，a)すでに身につけてしまった誤解，b)深く学習することの重要性，そしてc)記憶した知識について私たちが創ろうと試みる構造のタイプ，である．

　a）誤解：私たちはしばしば，学習する前に既得の知識を捨てる必要がある．どんな状況でも，バックグラウンドに膨大な考えや経験をもっている．そのうちのいくつかは間違っている．お行儀良く言えば「誤解している」．だから私たちはまず，その誤解を誤解であると認め，新しい知識を学ぶ前にそれを捨て去らなくてはいけない．

　b）深く学習することの重要性：Entwistle(1981)の提案によると，学生は6つの学習の「スタイル」(表7-1の最後の列にある，広く深く・包

認知あるいは思考

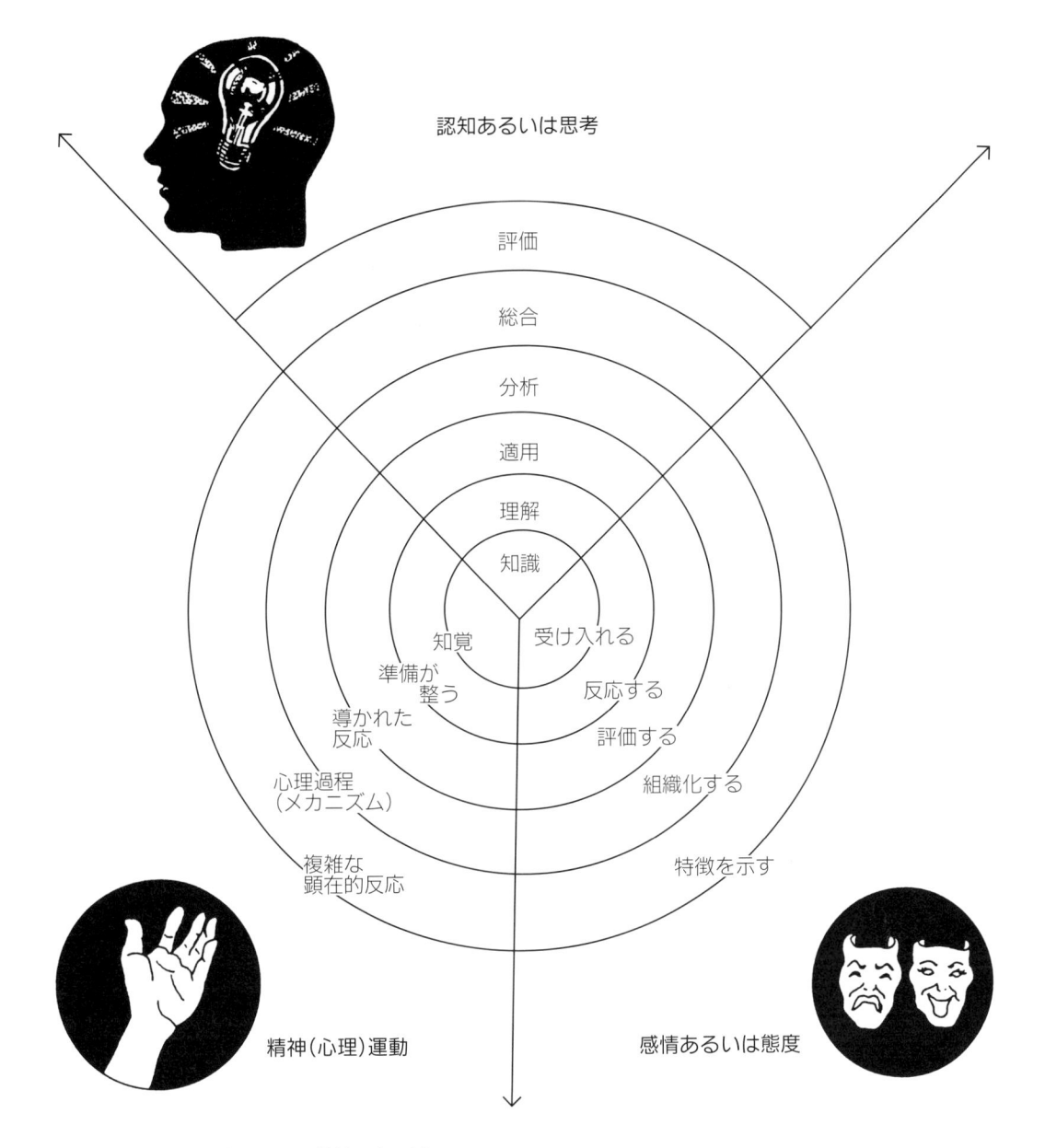

- 評価
- 総合
- 分析
- 適用
- 理解
- 知識

- 知覚
- 準備が整う
- 導かれた反応
- 心理過程（メカニズム）
- 複雑な顕在的反応

精神(心理)運動

- 受け入れる
- 反応する
- 評価する
- 組織化する
- 特徴を示す

感情あるいは態度

図7-7　3つの領域における発達のレベル

括的・作業的・表面的・がり勉・落ちこぼれ）のうちどれか1つにあてはまるわけだが，最良の学習スタイルは「広く深く」である．このスタイルでは，学習者は全体像と細部の2つを結びつけ，自分の過去の体験と関連づけて考える．あいにく，望ましい「深く掘り下げる」学習態度やスキルをもつこのような学習者でさえも，以下のような場合は「表面的学習者」に成り下がってしまう．

- やるべき課題が多すぎる．
- ストレスをためている．
- 表面的な分析力や情報の暗記力を「テストする」試験を望んでいる．
- 表面的学習を助長するような環境(教師,課程あるいは学部学科)にいる．

要するに，私たちの多くは分析好きなのである．新しい知識を(記憶して,思い出したいというよりは)理解したい，わかりたいと願う．しかし，プレッシャーが大きすぎたりメリットが少ないと判断

表7-1 深い分析と表面的分析, およびその他5つのスタイル

大学の目的や各人の役割(目的)についての学生の観点	学生の態度と恐怖	学習スタイルの特徴		コメント	学習スタイルの名称
		学習課題の開始時	学習過程の後期		
大学には個人的意味がある(個々に意味を持つ),大学は情報源を供給する,私は学習する	私は独立した自己学習者である	a) 概観する	b) 類推することによって,新しい考えと個人的経験とを関連づける c) 限界を認識し,確信するために証拠を試す.結論を支持する d) 結論と証拠とを概観と関連づける	深い部分も理解している	広く深く
		a) 概観する	b) 類推することによって,新しい考えと個人的経験とを関連づける	不適切な類推のために不完全な理解.大きな部分を知っているが詳細についてはわかっていない	包括的
権威者が学習すべき内容を私に伝えてくれ,そして私はそれを再生産する	私は失敗を恐れている.したがって,私は熱心に勉強する.私はシラバスに載っている内容を勉強する	c) 限界を認識し,確信するために証拠を試す.結論を支持する	d) 結論と証拠とを概観と関連づける	個人的経験を通して状況の仲に組み込まれていないために,不完全な理解	作業的
		すべてを暗記する	過度の学習	関連性がなく記憶された考え	表面的
私は高得点を取りたい	私は成功を望んでいる.私は自信がある.私は安定している	上記のいずれか		理解に基づいた,あるいは理解の伴っていない高得点	勤勉な,努力してもE評価
	社会生活は恐ろしい				落ちこぼれ

したときは,めったに分析しようとしないのである.
「『深い』分析のための十分な時間が与えられ,それをさらに促し助長させる」環境を創るべきである.

「深い分析」に対するもう1つの考え方は,このようなものである.「一番初めにやったことだけからすべてを学ぼうとするな.徐々に自分のものとしての知識を築き上げていくべきである.図2-2にあった全図式を思い出してみよう.」c) 知識の体系:図7-2に示されているように,新しい知識は既存の体系に適切に組み込まれなくてはいけない.極端にいうと,学んでいる知識を,記憶するだけのつながりのないものの集合体と考える人もいるだろう.この「めちゃくちゃな」体系は図7-8に描かれている.学習を促進するために,情報がちゃんと選択されていれば,その体系は図7-3のアウトラインに沿ったものになるはずである.「再体系化」と「微調整」の中で,体系がその後役立つものになるようにかたち作られるのが望ましい.Glaser(1985),Voss(1985),ReifとHeller(1982)は,問題解決を促進する体系について,次のように述べている.

a. 知識はヒエラルキー的に構築されている(基

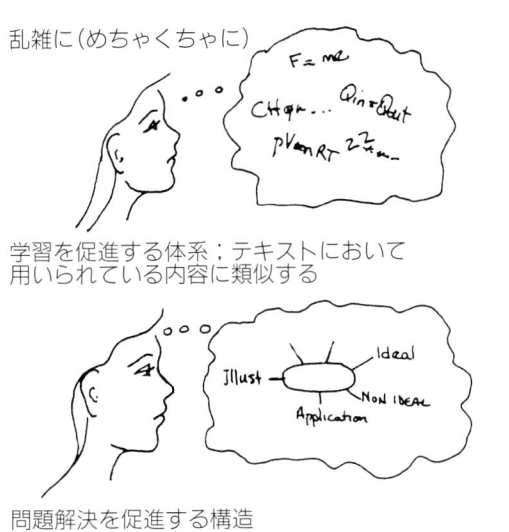

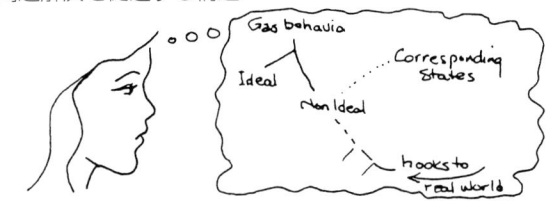

図7-8 記憶された知識の多様な構造

本原則や原理は高いレベルに，表面的な構造や指針は低いレベルにおく）．

　b．ヒエラルキーの最も高いレベル（あるいは基盤）には抽象概念としての基本原則がある．

　c．それより低いレベルには表面的な構造（あるいは原理があってはじめて役立つ日常の出来事の描写），そして表面的な構造を原理にリンクさせる「指針」がある．この「指針」が知識の現実へのとっかかりである．

　d．知的分析をしやすいようにまとめられている．

　詳しくはWoodsとSawchuk(1993)を参照していただきたい．

　以上からすると，私たちはある意味でこの体系を創造するための手助けとして，新しい知識を与えることができる．どうすればそうできるのか．必要なのはその原理の基盤と仮定を確実に結びつけること，日常の出来事を新しい考えに関連させる「指針」を与えること，そして新しい知識を過去の体験に関連させることである．

　8．学習を促進する：活動的であること．だれかが話していてもメモをとること．すべて書く．研究者の話では，何かを書きとめることで書かないより6倍以上も記憶することができる．

　分析を容易にするために様々なチャートやチェックリスト，そして手順が開発されてきた．ここで勧めたいのはLarkinのチェックリスト(1974)，Reifのスクリプト(1986)，Gowinのコンセプト・マップ(Novak and Gowin,1984)である．

　9．学習者に思い出せるようにする．Buzan (1975)の主張によれば，最初に学習したあと新しい知識が系統的・定期的に復習されれば記憶は維持される．さらに彼は，次の時期に復習することを勧めている．10分後，24時間後，1週間後，1か月後，そして6か月後である．

2．熟練した独立型学習者とは

　Knowles(1975)とToughら(年月日不明)によると，独立型学習者は次の問題を取り上げて自らの学習プランを立てている．自分のニーズ，学習目標，学習教材と方略，成績を証明してみせるもの，価値を決める，あるいは目標が達成されていることを確認する基準などである．こうした問題は組

織的に「学習契約」を通して取り組まれる．表7-2に例をあげた．

これらの問題をいくつか順に考えてみよう．

1) 一貫した測定できる基準をもつ，目に見える学習目標を設定する

最終目標を設定する．「目に見える」最終目標を言葉で説明することで目標を表す．目標が達成されたときがわかるように測定できる基準を加える．さらに知りたい場合はMager(1962)，Kiblerら(1974)，そしてMPS 3(111頁)を調べるとよい．

2) 成績を証明するものを明らかにする

目標や基準を設定するだけでは足りない．日記，企画レポート，発表，感想レポート，仲間の意見録などの課題を終えたと証明するものを明らかにする必要がある．

3) 有望な学習教材を明らかにし，所在を確認する

自分に必要なものは何かを考え，はっきりさせること．概要か，最新事情か，それともそのトピックと他のものとの関係か．これが行動を決める元になる．人がもっとも優れた情報源である．専門家から学ぶこと．書物を調べるときは図書館の司書に尋ねるとよい．自分が調べたいことを正確に説明できるようにする．詳細はMarshallとRowland(1981)を参照のこと．

4) 問題の知識を得るために教師をリソースとして利用しよう

de Graveら(1990)とDolmansら(1993)は，学部の教師がいるグループでは，学生は本質的に，内容を詳しく説明するために教師に頼ると報告している．それとは別に，学生グループが教師なしでもやれるように権限を与えられている場合，その学生グループは教師に(同じ部屋の中にいても)主題の知識についてのアドバイスを請わなかったことがある．彼らは教師をリソースとして利用しなかったのである．彼らはそれを自分の力だけでやろうとした．「自分1人でやる」ことができると証明しようとしたといえる．

アドバイスしたいのは，主題の知識のリソースとしての教師を見過ごさないでほしいということである．リソースとして教師を活用しよう．

5) 情報を評価する

情報は批判的に評価すること．自分の信じることを見極める．MarshallとRowland(1981)は，(本を読むことを強調して) 良い予備的アドバイスを提供している．一般的には，批判的であれ，ということである．どんな本でも，著者の結論が正しいという期待ではなく，「証明してみせてほしい」という，良い意味での悲観をもって読むべきである．著者の視点，仮説，提示しているデータや証拠，結論をだすための論拠などをチェックすること．これらすべての要素がうまく扱われていない限り，結論を鵜呑みにはしないようにする．

本をどう読むか，どう批判的に分析するかに関する細かい提案は，その本のタイプや目的によって違う．科学雑誌の記事については，一般的な方法としてはざっと目を通し，理解し，チェックするというものである．

まずタイトル，要約，結論，それから導入に目を通す．タイトルを見れば著者が何について書いたつもりなのかがわかる．要約と結論でさらに詳細がつかめる．導入を読むと前後関係が見えてくる．それから，極力短時間で，理論と実験方法に目を通す．これによって，以下のことができるようになる．

- この記事が何についてのものかが言える
- 著者が解決したい問題とは何かがわかる
- 著者の主張に対する感想をもてる

これで目を通す段階は完了である．

次は理解する段階である．今度は理論や実験方法，視点と仮説，結果，議論と結論などに焦点を当てて読む．おそらくこの中にはあまり明確ではないものもあるだろう (特に弱い部分といえば，「視点」，著者がそれ以前の研究の中で調査したことをめったに活用しきれていない「議論」，そして著者が自分の研究から十分な結論を引き出せない「結論」である)．だれが何を言ったか，そして何を信念としているかについて，明快で一貫した定義づけと，明快な位置づけを模索すること．「測定されたデータ」と「測定値から計算されたデータ」とを区別するようにする．

次に，事実を確定し，結論を評価するためのチェックをする．結論は根拠が確実なものだろうか．どのような事実を引き出せるか．理論や実験的なところをチェックしよう．これは一貫しているか．その実験は本当に理論を試すものになっているか．

表7-2 「計画された独立型学習」に影響を与える課題を要約した学習契約の一例

名前 ＿＿＿＿＿＿　学習する科目　＿＿技法＝資本コスト推定＿＿＿

学習目標	学習資源と戦略	遂行を示す証明の種類	長所（利点）を決定するための基準，確証
〔知識〕 コストの構成要素 インフレーション指数 推定するための方法： 　　要因方法 　　最低限の測定基準 相関関係からのFOBコスト 合計L＋M プロセスコスト	はじめる Woodsの第1章 「コスト推定」 Ulrickの文献	定義を思い起こす 3分以内でデータ情報源を調べる L＋M要因が他のグループメンバーから価値があるとの同意を±20%で得ることを推定することがきる	定義について100％正確である 価値づけについて正しいということを他のメンバーが同意している
〔適用（効果，応用）〕 最初の問題を解決し，他のグループによって課された，あるいは「見本会社」の配布資料からの例題を解決する．		プロセスを論証できる	個人として解決例と比較すると，手順に関して100%，計算上の解答に関して90%できている
〔技能〕 「最適の不注意さ」および「連続的概算」を適用することができる			制限時間内で解答を考え出すことができ，解答の正確さを認識できる
〔態度〕 私はこれらの技法を用いることができるという自信			「パニック（混乱）の大きさ」を構築し，そしてこれを，友人に与えられた課題への自分の反応をテストするために用いる．10問中7以上の得点を取る
〔価値〕 専門職，倫理，環境における重要性		技術力に関してコスト推定の価値を他者に説明できる	

例，方法，データの統計的な検査，傾向，一貫性をチェックする．あなたはどのような結論を導き出せるだろうか．HuckとSandler(1979)は，結論の内的妥当性を脅かす20の要因をあげている．医学生向けとしては，Sackettら(1981)による一連の論文が臨床研究論文の批判的な評価のしかたについて述べている．

3．熟練した相互依存学習者とは

相互依存学習者は独立型学習者がする課題すべてに力を注ぐ．それに加えて，彼らはこれを協力して行い，それによってお互いを支え合うような環境ができている．相互依存学習者は自らの学習を反省する機会ももっている．ここにさらに4つ，相互依存効果を高めるための提案を加えた．

　1）他の人を助ける：他人との相互依存学習という環境で学ぶ

　他の人にとって適切な情報を見つけたら，これを共有するために知らせる．あなたたちは共に活動しているのである．つまりグループが解散する前は，全員他の人が何を学んでいるのか知ってい

るべきである．どうやって連絡を取り合うかも知っておくこと．お互いの相互依存学習に役立つように情報を得るようにしよう．

2）自分自身のために情報を学習するだけでは不十分である：グループのメンバーの学習ニーズを推測する

自分自身のために情報を学習するだけでは不十分である．グループのメンバーの学習ニーズを考える必要がある．考えてみよう．「ベッキーはどうやって一番よく学習しているのだろうか」それから新しい考えをこのようなかたちで表現する．教えるための知識がセクション7-1に挙げられているので参考にしよう．

3）授業活動でのメカニズムを考える

グループに教える準備をするにあたり，その複雑さや教えるのに必要な時間を正しく認識しておく必要がある．プレゼンテーションのかたちや可能な時間について考えよう．その「授業活動」の司会者とともに会議録での場所や可能な時間について相談して決める．おそらくすでにあなたは自分にとってやりやすいスタイルやできる時間をそれまでのミーティングで話し合ってきたことだろう．

4）メンバーに答えてもらう必要のある質問を予測する

「授業活動」はあなたが学ぶためのものでもある．学習するつもりで臨もう．自分自身がもっている疑問点を考えてみよう．他の人の情報を自分の知っていることにどのように結びつけるか．自分の知るべきことは何か．

4．すべてを1つにまとめる：授業活動

様々な選択肢がある．このグループでは，各メンバーが「同じ」テーマを学ぶと決めてもよいだろう．ミーティングで様々な人の視点に耳を傾け，それを整理する．また，各メンバーが「異なる」テーマを学ぶと決めることもある．お互いが「唯一の」情報源として信頼し合う．あなたのいるグループで，何か別のやり方を決めてもよいだろう．

ここであげられている提案は，メンバーが各自学んできた様々な知識を持ち寄る授業活動のためのものである．

1）準備する

配付資料や実例を用意する．自分が学ぶ必要のあるものを用意する．時間は正確に．

2）共有する

毎秋，新年度を迎えて授業が始まると，私は少し神経質になる．もう30年以上も教師としてやってきた私でもそうなる．少しは神経質になるだろうと思っておくといい．

次に，自分の知っていることを「共有する」（『教える』ではなく）という姿勢に注目しよう．メンバーの知りたいことすべてを教えようという姿勢で臨めば，無意識のうちにますます神経質になっていく．恐ろしい責任を背負ってしまうものだ．教えようという姿勢でいると神経質になりすぎてしまう．「私は何もかも知っているだろうか．このテーマについてみんなの方が私よりも詳しかったらどうしよう」などと考えるよりも，できるだけ知識を共有することに集中しよう．

このような姿勢でいれば質問されたときも助けとなる．「彼らに教えるのだ．専門家にならなければ」という姿勢でいると，質問を受けても守りの姿勢になりがちである．反対に，共有しようという姿勢でいるならば，質問は私たちの学習にとって大きな助けとなる．

3）学習する

そう，あなたはこのミーティングには自分の知識を他の人と共有しにきたのである．しかしあなたは他の人の知識をも学ばなくてはならない．彼らから学ぶ準備をしよう．

4）チューターの役割を理解する

あなたのグループでのチューターの役割はなにか．司会か．競合する意見を選別する判定者か．ある分野の専門家か．チューターの役割を明らかにすること．

5．まとめ，モニターのしかた，フィードバックの返しかた

自己主導型学習では，学生は教師の役割を引き受けている．自分の学習をコントロールする．自分で目標と基準を設定する．成長を示すために使う証拠の種類も決める．学習にかかわる問題と知識とを関係づける．

1つのチームとして活動しているグループの中

表7-3　相互依存型・自己主導型学習のためのフィードバック

```
〜へのフィードバック _____ 単元名 _____ 月日 _____
時間どおりに出席 □  出席したが○分遅刻 ____   欠席 □
```

知識の質：主題について十分な知識があり，供給される教材で完全で適切（妥当）である．

まったく なし	少しはあてはまるが 大部分はあてはまらない		大部分が あてはまる		すべて あてはまる
○	○	○	○	○	○

授業の質：時間どおりに来て，その授業は新しい知識に焦点を当てていた．つまり効果的なコミュニケーションと情報源となる教材を供給することで，教材や手段をよりよく選択すること．

まったく なし	少しはあてはまるが 大部分はあてはまらない		大部分が あてはまる		すべて あてはまる
○	○	○	○	○	○

引き続きやるべきこと：この授業後に残された課題は

自分自身で科目を学習しなければならない．あなたの発表から何も学ぶことはできなかった．	大部分は自己学習が必要である．私はあなたの発表から，学習を開始するために参考となることをいくつか学んだ．	基礎領域について，幾分自己学習が必要である．		基礎についての自己学習は不要である．私はその考え方について復習したい．
○	○	○	○	○

特筆すべき点　　　　　　　　　改善すべき領域
_____　　_____
_____　　_____
_____
_____
　　　　　　　　　　　D.R. Woods, "How to Gain the Most from PBL" (1994) より

で，相互依存しながら行動する．つまり，目的と目標を決めるためにグループで行動するのである．学生は自立して新しい知識を身につけて，それによって学生本人もグループも恩恵を被る．この知識をあなたは他のグループのメンバーに教える．同じように彼らもあなたに教える．あなたは彼らに頼ることを学ぶ．あなたにとって彼らは役に立つ，価値ある情報源となる．彼らから学びとるための質問のしかたをおぼえる．

表7-3では，成長のための目標設定やモニターについて考える助けとなるフィードバックのかたちをとっている．

文献

Ausubel, D.P (1960, 1968) "Educational Psychology: a cognnitive view," Holt Rinehart and Wiston, New York, NY.

Bird, R.B. (1980) personal communication, University of

Wisconsin, Madison, WI.

Bloom, B.S (1956) "Taxonomy of Educational Objectives: Classification of Educational Goals: Handbook I: Cognitive Domain," McKay, New York. NY.

Brown, G. and M. Atkins (1988) "Effective Teaching in Higher Education, " Methuen, London, UK.

Buzan, T. (1975) "Use Your Head," BBC Publication, London, UK.

Clement, J.J.(1978) "Formula-centered knowledge versus conceptual-centered understanding in Physics," Technical Report, Department of Physics, University of Massachusetts, Amherst, MA.

de Grave, W.S., M.L. de Volder, W.H. Gijsaelers and V. Damoiseaux(1990) "Peer Teaching and Problem-based Learning: tutor characteristics, tutor functioning, group functioning and student achievement," in "Innovation in Medical Education: an evaluation of its present status," A. M. Nooman, H.G. Schmidt and E.S. Ezzat, eds., Springer Publishing, New York, 123-134.

Dolmans, D., I. Wolfhagen and H.G. Schmidt (1993) "Validation of a Rating Scale for Tutor Evaluation in a Problem-based Medical Curriculum," Paper presented at the annual meeting of the American Educational Research Association, Atlanta, GA, April.

Entwistle, N. (1981) "Styles of learning and teaching," John Wiley and Sons, New York, NY.

Felder, R.M. (1990a) "Meet your Students: Susan and Glenda," Chem. Eng. Ed., 24, 1, 7 and 11.

Felder, R.M. (1990b) "Meet your Students: Michelle, Rob and Art," Chem, Eng. Ed., 24, 2, 130-131.

Felder, R.M. and L. Silverman (1988) "Learning and Teaching Styles in Engineering Education," Engineering Education 78, 7, 674-681.

Friedman, H.H. (1987) "Problem-oriented Medical Diagnosis," A Little, Brown Manual, Little, Brown and Co., Boston, MA.

Glaser, R.(1984) "The Role of Knowledge," American Psychologist 39, 2, 93-104.

Harrisberger, L. (1974)"Individualized Learning Management: a workshop," University of Guelph, Guelph, ON.

Huck, S.W. and H.M. Sandler (1979) "Rival Hypotheses: alternative interpretations of data based conclusions," Harper & Row Publishers, New York, NY.

Johnson, S.R., and R.B. Johnson (1970) "Developing Individualized Instruction Material," Westinghouse Learning Press, Palo Alto, CA.

Karplus, R. et al(1980) "Science Teaching and a Development of Reasoning: a workshop," Lawrence Hall of Science, University of California, Berkeley, CA.

Kibler, R.J. et al.(1974)"Objectives for Instruction and Evaluation," Allyn and Bacon, Inc., Boston, MA.

Klausmeier, H.J. et al. (1971) "Learning and Human Abilities: educational psychology," 4th edition, Harper and Row, New York, NY.

Knowles, M. (1964) "Self-directed Learning," Follett Publishing, Chicago, IL.

Kolb, D.A., I.M. Rubin and J.M. McIntyre(1979)"Organizational Psychology: an experiential approach," 3rd ed., Prentice-Hall, Englewood Cliffs, NJ.

Krathwohl, D.R., et al.(1964) "Taxonomy of Educational Objectives: Classification of Educational Goals: Handbook II: Affective Domain," McKay, New York, NY.

Larkin, J.H.(1975) "Developing Useful Instruction in General Thinking Skills," Paper JL010276, Group in Science and Mathematics Education, University of California, Berkeley, CA. Sept.

Locke, E.A., K.N. Shaw, L.M. Saari and G.P. Latham (1981) "Goal Setting and Task Performance: 1969-1980," Psychological Bulletin, 90, a, 125-152.

Mager, R.F. (1962) "Perparing Educational Objectives," Fearon Publishers, San Francisco, CA.

Marshall, L.A. and F.Rowland(1981) "A Guide to Learning Independently," Longman Cheshire, Melbourne, Australia.

McCarty, B.(1980)"The 4Mat System," EXCEL, Inc., 600 Enterprise Drive, Suite 101, Oak Brook, IL

MaKeachie, W.J. (1978) "Teaching Tips: a guidebook for the beginning college teacher," 7th ed., Heath and Co., Lexington, MA.

Novak, J.D. and D.B. Gowin(1984) "Learning how to Learn," Cambridge University Press, Cambridge, UK.

Paul, R. (1992) "Critical Thinking: what every person needs to survive in a rapidly changing world," 2nd ed., Foundation for Critical Thinking, Santa Rosa, CA.

Piaget, J. and B. Inhelder(1975) "The Psychology of the Child," Basic Books, New York, NY.

Reif, F. and J.I. Heller (1982) "Knowledge Structure and Problem Solving in Physics," Educational Psychologist, 17, 102-127.

Reif, F. (1986) "Interpretation of Scientific or Mathematical Concepts: Cognitive Issues and Instructional Implications," Paper CES-1, Department of Physics, University of California, Berkeley, CA.

Sackett, D.L., R.B. Haynes, (1981) eight paper series in the Canadian Medical Association Journal, 124, March, 703; April, 985.

Simpson, E.J.(1966) "Classification of Educational Objectives: Psychomotor Domain," Project Report, University of Illinois; reported by Johnson and Johnson(1970).

Stice, J.(1978) paper presented at the AIChE Annual Meeting, Nov., San Francisco, CA

Tough, A., G, Griffin, Bill Barnard and D.Brundage,(undated)"The Design of Self-directed Learning," videotape and manual, Ontario Institute for Studies in Education, Toront, ON.

Voss, J. (undated) "Problem Solving and the Educational Process," in "Handbook of Psychology and Education," R. Glaser and A. Lesgold, eds., Lawrence Erlbaum Publishers, Hilsdale, NJ.

Woods, D.R. and R.J. Sawchuk (1993) "Fundamentals of Chemical Engineering Education." Chem. Eng. Ed., Spring, 80-85.

第8章
自己主導型・相互依存型・小グループによるPBLの自己評価

　学習を評価するのはだれだろうか．ごく標準的な教授がチューターになった場合，こう説明するだろう．

　「私が評価を下さなければならない．なにしろ私には，学生が合格か不合格かを知る責任があるのだからね」

　これを自己評価型のグループと比べてみよう．自己評価型のグループでは，グループは自分たちの進歩を評価し，チューターはグループの評価プロセスを評価する．チューターは，目標の質，基準の一貫性や証明の質をみる．

　学生は，自己評価する権限を与えられると，最初は「ばんざい，これで100点をとれるぞ」と言うものだ．しかし目標スキルを身につけるとすぐに，もっとも厳しい批評家は自分自身であることがわかってくる．目で見てわかる，測定できる証拠を示すのは難しいことがわかるのである．

　この章では，評価とその役割，そしてそれが自己主導型・相互依存型・小グループによるPBLの活動とどのように影響し合うかをみる．そして長所と短所を探ってゆく．

1．自己主導型・相互依存型・小グループによるPBLの自己評価とは

　評価とは何か．自己評価とは，他人によるものとどのように違うのだろう．PBLにおける自己評価の役割とは何だろうか．

1）評価とは

　評価とは判断である．私たちはだれかのやること，創るもの，行為の価値を判断する．評価と判断は当然あるべきものであるにもかかわらず，私たちは評価というものに対して恐れや不安を抱く．私たちは次のように考えることが多い．

- 評価と「試験」を一緒くたにしてしまう．しかもその試験とは怖いものだと考えている．AlpertとHaber(1960)は不安・達成テストを開発した．このテストで測定されたところによると，不安の度合が高い学生は，試験では期待よりも低い結果を出してしまうことがわかった．
- だれか他の人に評価をしてもらうほうがいいと考える．というのも，何をテストされるのかわかれば，私たちはただそれを勉強するだけでよいからである．
- 評価を不当に悪いものだとみなす．恐れ避けるべきものとしてみる．
- やったこと（やらなかったこと）に対する評価をその人自身の価値の評価と勘違いする．評価とは，人の価値を判断することではない〔Perry(1970)によると，大学1年生はとった点数とその人の価値とが比例すると勘違いしやすい，と第1章に書いたことを思い出してほしい．なかにはこの考え方をなかなか変えられない人もいる〕．

　評価（とその基本的な要素）についてさらに理解を深めるために，例8-1のテッドの場合をみてみよう．

> **例8-1：テッドのゴルフの試合**
> 昨日テッドのスコアは18ホールで85だった．彼は特に，パー3の12番ホールでは，7だったのでいらいらしていた．このホールではまったくいいところがなかった．彼はいつもは3パーか4ボギーで，時には2イーグルということもあった．今日はテッドはもっと良いゲームをしようと思っている．特に12番では良いプレーをしたいと思っている．彼はパーを狙っている．

ここで，ゴルファーのテッドは「今日もっと良いゲームをするため」の目標を設定している．これは特筆すべきことである．彼は明確に目標を設定している．「今日とりあえずゴルフをする」と言うこともできたが，これでは何も明確とは言えない．まず外に出て，何かをしよう．

> **ポイント1.** 明確な目標を設定する．そのおかげでより良い行動ができる．目標は人の力を集中させる．目標が私たちを動機づける．

この目標はあまりうまく表現されていない．例えば，昨日のスコアが85だったのが今日95になったとしても，ラウンドの最後にテッドは「今日は前より良いプレーをした」と言うことができる．私たちは，良くなるといったら普通は「スコアが良くなる」ことを想像する．テッドは，昨日よりも今日のほうがプレーをする時に多く頭が下がっていたことを指しているのかもしれない．昨日よりも感じの良い人たちに囲まれてプレーをして，楽しかったから今日はゲームが良くなったといえるのかもしれない．あいまいさをなくすために，彼は目標をもっとはっきりとあげて，測定できる基準を付け加えるべきだったのである．「私の目標は今日もっと良いプレーをすることである．12番ホールで3パーをとるのが目標の基準である」と言うこともできたのである．この「12番ホールで3パーをとる」という言葉が成功の決め手となる．

> **ポイント2.** 測定できる基準をもつ．

テッドは狙いを3パーに定めた．彼はそれを「ホールインワン」に定めることもできたはずである．しかし彼は今までに1度もホールインワンを出したことがない．狙いを4ボギーにすることもできた．狙いは，難しくはあるが達成可能なものでなければならない．

> **ポイント3.** 目標と基準は有効なリソースを持った，達成可能なものでなければならない．

最終的には，テッドは特に12番ホールでスコアをキープしなければならない．彼は証拠を見せなければならず，普通その証拠とはスコアカードである．もし問題が多ければ，私たちは，公正中立の観察者にストロークを数えてもらい，スコアカードをつけてもらいたいと主張できる．

> **ポイント4.** 証拠を成り立たせるものについての意見の一致と，目標と基準を満たすような証拠を集める努力が必要である．

以上の例が，評価そのものはそれほど怖いものではないことを理解するのに役立てば幸いである．おそらく，プロセスの過去への適用のされ方が一番良かったわけではないだろう．リソースに見合った目標と基準を作り，証明のかたちを選び出すということはおそらく，困難な仕事だろう．しかし，それをプロセスとしてとらえると，まったく簡単な道なのである．私たちの評価のとらえ方が次のように変わることができればと考えている．

- 評価を沈滞させなければ，その評価によって私たちは改善され，成長することができる．
- 評価によって私たちは目的を達成することについて理解できる．目標を達成したという証拠を得るからである．
- 評価はあいまいさをなくす．私たちはどの程度目標を達成したかを表す証拠を得るのである．

評価は，成長，動機づけ，そして発展に不可欠のものである．

2）自己評価とは

自己評価とは，その人自身による評価である．だれか他の人が評価をする場合，私たちはたいてい，「彼らは何を望んでいるか」を見つけようとす

る．彼らを満足させようとするのである．もしも彼らが「このテーマは重要だから，試験に出るでしょう」と言ったら，私たちはそのテーマを勉強する．私たちが必然的にそうしたくなるからではなく，むしろ，そうすることによって称賛を受けたいからである．もしそうしなければ，私たちは不利を被ることになる．

自己評価では，私たちは評価のプロセス全体に対して責任を負う．評価プロセスの責任を負うということは，目標を設定し，基準を作り，証拠を集め，基準を適用して目標が達成されたことを証明する，という自己主導型学習のサイクルにおける個人の模索と似ている．

自己評価によって私たちは課題に集中できる．

自己評価は学習プロセスを動かす．

Graham Gibbs（年不明）と Joe Novak（1989）は「評価を自分のものにした人は，学習を自分のものにできる」と指摘している．

例えば，ある学習内容に学生が興味をもっているからといって，それを私が最終試験として出そうものなら，とたんに彼らはその内容に対する興味を失う．むしろ彼らが知りたいのは，「これが最終試験に出るかどうか」である．彼らは「何が最終試験に出るか」「教授は何をテストするか」を知ろうと努力することに，膨大な時間をつぎ込むのである．

要するに，自己評価とは，自己主導型学習にとって必要不可欠とは言わないまでも，ごく当然にあるべき要素なのである．

3）自己主導型・相互依存型・小グループのPBLの自己評価

自己評価とは学習を評価するためになされるべきである．しかし，いったい何の学習だろうか．私は，以下の学習の評価を有効活用すべきだと考えている．

- 主題学習
- 問題解決スキル
- グループの方法
- まとめ役のスキル
- 自己主導型・相互依存型の生涯学習の習得

あなたが習得したい知識やスキル，姿勢ならなんでも，自己評価することが必要である．

自己評価する力をもつということは，学生に彼らの欲しいままに点数をつけさせるということと同じではない．エンパワメントは，アカウンタビリティと一致したものである．これを理解するために，まずは標準的な教授の自己評価に対する反応に耳を傾けてみよう．

「異端だ！　標準はどうなのだ」

ショックを受けた標準的な教授は叫ぶ．

教師やチューターの役割とは何か．チューター／教授は標準を設定し，学生がこの標準に達し，なおかつこれを越えるように励ますべきである．チューターは次の決定的役割をもっている．

- 目標の質を見極める．例えば，ゴルファーのテッドが目標を12番ホールでスコア12を出すことに設定したとする．この場合テッドの目標は低すぎる．彼は「失敗」しなくてはならない．それよりはもっと高度な目標を設定する必要がある．
- 測定できる基準の質および一貫性をみる．基準を作ることは難しい．実際，チューターの役割の大半は，学生が基準策定のスキルを習得できるように手助けすることである．
- 学生が示す証拠の質をみる．
- 学生による評価のプロセスをみて，その活動の質に対するフィードバックを与える．

チューターは，学生による自己評価のプロセスを検討して標準を維持するという決定的な役割をもつ．

2．評価をする力を与えられることの長所と短所

学習の見地からすると，自己評価の長所はすべての研究によって指摘されている．それはPBLのかたちの当然の結論であり，これが学習サイクルの輪を完成させる．私たちはより多く，より良く学習し，その知識はさらに取り出しやすく応用しやすいかたちでまとめられ，記憶される．私たちは自己イメージと自信を増していく．加えて，私たちは職業人として必要になるであろう「仕事の反省」におけるスキルを獲得しつつあるのである．

短所は，これが学生と教師のどちらにとっても大変な仕事だということである．学生に関しては，MPSプログラムにおける私たちの10年にわたる

経験によると，自己評価のスキルに自信がもてるようになることが一番難しいようだ(Woods et al. 1988)．それには忍耐，訓練，勤勉，そして忍耐強い指導が必要である．

もう1つの短所は，PBLのプログラムにおいても他のプログラムにおいても，教師が責任をもって学生にこの力を与えることを怖いと感じるということである．それによって教師の力は奪われる．彼らは，長年それとなく使ってきた評価のプロセスを明確にしなければならないことで，さらに多くを要求される．また，自分の標準が行きわたっていることを，学生の評価プロセスを検討し，評価するという視点から把握しなくてはならず，ここでも要求はますます大きい．教師の立場は科目内容の評価者から，学生の評価のプロセスの評価者へと変化する．

ここまで教師の視点について詳しく述べてきたが，それは学生・教師がどちらもこの活動から成果を得られるように，手を携える必要があるからである．特に学生の自己評価に踏み切ることで生じる，互いにやりにくいという感情を打破するためには，互いに相手の視点を尊重し合わなければならない．これはどちらにとっても新しい領域である．

3. 自己主導型・相互依存型・小グループのPBLの自己評価を有効に利用する

あなたが参加しているPBLプログラムには，はたして自己評価の要素は含まれているだろうか．もし含まれていないのなら，ぜひ自分自身の成長を評価してみてもらいたい．評価のプロセスを学習し応用しよう．自分のプロセスと結果を，仲間やチューターのものと比べてみよう．徐々に自己評価をする自信を高めてゆこう．

あなたが参加しているPBLプログラムに，幸運にも自己評価が十分に含まれている場合は，根気強くすすめるのがよい．この姿勢とスキルを習得するのは難しい．フィードバックを頻繁に求めること．計画的であること．自己評価には，学習中のプロセス・スキルとしてとらえながら取り組もう．これに対しては，自分が生物学における新しい概念を学んでいるときと同じだけの厳しさと方法をもって取り組むこと．

楽しんでやろう．

4. まとめ

自己評価は難しい．自己評価では，客観的に目標を設定し，基準を作成し，証拠を提示し，またどれだけ目標が達成され，基準が満たされたかという程度に関して客観的判断を行う，という責任がある．目標は達成できるものでなければならない．簡単すぎるものでもいけないし，達成不可能なものでもいけない．基準は測定可能で，目標と一貫しているものでなければならない．私たちは，目標を達成したとわかることができなくてはならない．ここでは願望にもとづいた考えはやめよう．必ず証拠をあげることが必要である．

自己評価は，もっとも強力な教育ツールの1つである．自分自身の学習目標を設定することになると，私たちも動機づけられ，力を集中させるようになる．評価のスキルをもつということは，人生にとって人もうらやむほどの強みになる．他人を評価するのは多くの人にとってあまり気分のいいことではない．

客観的なものの見方や「評価をすること」に対する自信を身につけることは難しい．しかしあなたのチューターが，あなたの学習している主題の評価者の立場から，あなたが自己評価で使ったプロセスの評価者の立場に変われば，大きな助けとなることだろう．

文献

Alper, R. R.N. Haber (1960) J. of Abnormal and Social Psychology 61, 2, 207-215.

Gibbs, Graham (undated) "An A to Z of Student Focused Teaching Strategies," Oxford Polytechnic, Headington, Oxford, UK.

Novak, Joe (1989) "Teaching in Science and Mathematics," Santiago de Compostela, Spain, Sept.

Woods, D.R., R.R. Marshall and A.N. Hrymak (1988) "Self-assessment in the Context of the McMaster Problem Solving Programme," Assessment and Evaluation in Higher Education, 13, 2, 107-127.

第9章
自己評価のスキル

> **パイエットのジレンマ**
> パイエットは，自分が Fluky Phil の症例に対して必要な知識をもっていて，その応用のしかたも知っていると「思っている」．しかし確信はない．

　パイエットは，自分がその科目の内容を理解しているかどうか判断を下せるようにならなくてはならない．これまで彼は，教師に試験を出してもらい，宿題に目を通してもらい，彼が「合格」しているかどうかを判断してもらってきた．「自己評価」のプロセスはすべて，パイエットにとって直観的なものである．実際，彼はその科目の内容を理解していると思っていたのに，試験ができなかったことがあった．「自分が予想していたような試験じゃなかったんだ！」　パイエットは嘆いた．

　さて，自己評価型・小グループのグループワークでは，パイエットも，そして読者も自分の成績を正確に評価するよう求められる．「正確に」とはつまり，他者が客観的にみたときにあなたと同じ評価をするようにということである．自分の能力を過大評価してはならないし，過小評価してもいけない．「正確」でなくてはならないのである．

　自己評価型・自己主導型・相互依存型・小グループの PBL では，自分の作業を正確に客観的に自己評価することが求められる．

　今この段階で，あなたは自己評価について何を知っているだろうか？

　おそらくあなたたちは自分の能力や作業を自己評価することにかけては上達しているだろう．あなたが目標を達成しているかどうか判断するためには（それがパイエットと Fluky Phil の事例であろうと，あなたのスキーの能力であろうと），あるプロセス，進行，状況を応用することが必要になる．この評価プロセスには，次の5つの要素がある．

1）どのような内容が評価されているか．パイエットがこの事例を解決する能力か．質問する能力か．事実を思い出す能力か，それともグループの他の学生と相互に影響し合う能力か．だれがこれを決めるのか．

2）明確な目標がなくてはならない（パイエットが正確に「知っている」と思っていたものは何か．パイエットの最初の間違いは「知っている」というあいまいな言葉を使ったことである）．だれが目標を設定するか．

3）目標がどこまで達成されたか（「知っている」が 80％ か，100％ か）を把握するために，目に見える，測定できる基準が必要である．だれが基準を作るか．

4）目標を達成するのに十分なだけの時間と情報源がある．

5）ある種の証明がされていなければならない（たとえば質問に対する答え，動き方を見せる

表 9-1 アセスメントにおける課題（Alverno College,1985 をもとに作成）

課題	詳細	選択肢
目標	内容：何がアセスメントされているか	熱力学の第1法則か，ニュートンの第2法則か，PSか，対人関係技能か，倫理学か，聴くスキルか，製品もしくは我々が製品を生産するプロセスか
	観察可能な目標／目的か	熱力学の第1法則＞「〜という条件の下で，あなたは〜できるだろう」
	だれが目標を設定するのか	学生か，チューターからの情報をもとにして学生が，チューターが，教授会，専門的認可機関
	明確で公表されたものか	目標と基準，アセスメントはすべて一致しなくてはならない．学生と評価者の両方にとって，あいまいなところがないように，明確でかつ公表されなければならない
基準	測定可能なもので，目標／目的と関連しているか	A，Bあるいは合／否という評価の意味と評価の多様性についての指定がある，測定可能な基準か
	だれが設定するか	学生か，チューターからの情報をもとにして学生が，チューターが，教授会，専門的認可機関
	明確で公表されたものか	目標と基準，アセスメントはすべて一致しなくてはならない．すべてが関連しており（複雑で），学生と評価者は同じ領域に参加しなくてはならない．したがって，期待される内容に関してあいまいなところが生じないように，目標と基準は明確であり，かつ公表されなければならない
証拠の形態	明確な説明がなされたか．証拠の形態は学生が供給することを期待したか．裏づけとなる証拠にはどのようなものがあるか	記述した回答か，記述した回答と，どのようにしてあなたが回答に到達したかについての詳細か，活動記録か，反省記録か，計画レポート，友人からの発言，各日あるいは各週に完成された証拠形態についてのチェックマーク
学生の学習資源	目標と基準に一致しているか．利用できる時間内にこれらの目標を達成するために，その情報源は妥当（適切）か	目標と基準を設定して，入手可能な時間と情報源でもって，それらの目標に達成することは，物理的に，また精神的に可能か．もしそうでなければ，目標と基準を修正しよう
アセスメントプロセス	アセスメントの目的	教師が仕事をしているかどうかをチェックするか，学生にフィードバックを提供するか，学生の評価技法を開発するか，学生が自己イメージを発展させる手助けとなるのか，評点を提供するか，証明のためか，学生に反省と復習をさせるためか，大学院に評点を提出するためか．学生の自主性を養うのか
	実施状況	家に持って帰り，1週間後に提出するのか，授業中に3時間のテストをするのか，小グループで一方向鏡の片側で小グループ活動を行うか
	だれが評価するのか	学生か，チューターからの情報をもとにして学生が，チューターが，教授会，専門的認可機関，訓練された評価者か
	フィードバック：形態とタイプ	チェックリスト，得点形式，計画を採点する，逸話的コメント，5つの現実と2つの領域に取り組む
	フィードバック：タイミング，いつ	即座に，1週間以内，フィードバックを行わない
	フィードバック：だれが	手紙，掲示板の上に貼る，自立したチューターとインタビューする，助言者
	アセスメントプロセスについて訓練する	訓練は行われたか，どの程度明らかか，どの程度詳しいか，チェックは一貫性をもってなされたか，評価者へのフィードバックが伴った実践活動がなされたか，評価者が評価されたか

図解など).

このほかに,解決すべき問題が7つある.これには,評価の目的や行動に適した状況などがある.すでにこの問題とその詳細がわかっている場合は,この章をとばして次の章にすすんでかまわない.

この状況で問題となるのは何か.

この問題のうち,いくつかは表9-1に要約した.主なものを下にあげる.

1) どのような内容か
2) 目に見える目標とは何か
3) どのような基準か
4) 目標を達成するために必要な情報源とは何か
5) どのような証明が求められるか
   そして,プロセスとして
6) 評価の目的は何か
7) 評価をする状況の条件は何か
8) だれが評価をするか
9) 評価する者はどのような形式やチェックリストを使うか
10) いつ学生に評価の結果を出すか
11) どのような条件の下で評価をするか
12) 評価プロセスのためにどのような訓練や検討がなされるか

問題はたくさんある.しかし,このどれもが重要なものである.

このような問題1つ1つについて順に考えていこう.自分の知りたいところを先に見てもかまわない.

1. どのような内容か

評価の対象となる主題,主旨,スキルはどのようなものか.

- 認知領域の主題にはどのようなものがあるか.生化学や物理学,行動心理学や社会活動の原理だろうか.第2章と「停止標識のへこみ」の例では,表2-2に6つの「主題」があげられている.これらの主題について,どのようなレベルの主題についての知識が求められるか.図7-7(73頁参照)には,Bloomの分類による6つのレベルがあげてある.
- その主題に関して,経験的知識として数値を記憶しておくことが求められているだろうか.4歳の健康な男児の理想的なヘマトクリット値はどのくらいか.65歳の女性とは数値に違いがあるだろうか.
- 学習態度の面では,何が評価されるか.自信か,動機づけか,それとも倫理観か.
- 精神運動のスキルは重視されているか.血圧の測りかたか.検査用の採血か,握手のしかたか,それとも点滴のしかたか.
- 問題解決能力は評価されるべきか.トラブルを調停する能力か,あるいは臨床の問題解決能力か.
- 対人関係スキルについてはどうだろうか.コミュニケーション,共感など.

表9-2はチェックリストである.表9-3は,マクマスター医学部プログラムのユニット1の例を図で示したものである.

あるプログラムがつくられると,その学部では通常それに関する大まかなアウトラインを作成する.しかし,そのアウトラインは非常に限定されたものとなる.例えば表9-2では,これを含むのはそのテーマの知識だけである.あなたの観点からすると,対人関係のスキルのような別のテーマ(や自己評価)も付け足してもらいたいはずである.実際,PBLでは,初めのうち学生の多くはその「主題」の知識だけに重点を置く.そして,用いたプロセスや学習態度の変化,変化に効果的に対処する能力や実際に応用しているグループ・プロセスのスキルなどに焦点を当てることは忘れているのである.しかしあなたは,このような価値のある主題の知識や評価されるべきことの習得について考えようと思っているであろう.

評価してみなければ,結果を得ることはできない.

2. 目に見える目標とは

主題が明確になったら,今度は観察可能な,達成可能な目標をつくり出さなくてはならない.

1) 明確で観察可能なもの

進歩の状況を検討したり達成結果をみるためには,達成結果が目で見てわからなければならない.

表9-2 「内容」についてのチェックリスト

主題：	期待される発達レベル					
	記憶する	理解する	適用する	分析する	統合する	評価する
知識						
経験知識						
精神運動技能						
態度：自信：価値						
問題解決						
対人関係スキル						
グループ活動スキル，議長						
自己主導学習						
自己アセスメント						
専門職倫理						
その他						

したがって，目的や目標は「観察可能な言葉」で書かれなくてはならない．例えば，「私は栄養学の基礎を知っています」と言うのはたやすい．しかし，それは何を意味しているのだろうか．自分が「知っている」ということを，人に（あるいは自分自身に）明確に証明してみせることができるのだろうか．「知っている」という言葉は，観察可能な行動を表してはいない．これは内部の，観察できないものを表している．したがって目標はすべて，明確で観察可能な言葉で書き換える必要がある．

表9-4は，与えられた条件を明確にして，目標が達成されたことを明らかにするための判断プロセスと基準を提起することの重要性を表したものである．この判断プロセスにはイライラが付きまとう．一番左の列にあるように，やるべきことをすべて，「血液について学習するつもりだ」というような「簡単な言葉で」表すことはたやすい．しかし，血液についてさらに詳細に何を学習するのかについて曖昧さを除くために，自分のすべきことについて，些細なことでも事細かに書かなくてはならない．そしてそのような些細なことがない場合でも，評価をする上での困惑は避けられない．

目標を作るための一般的なステップを以下に示した．

①「内容」を書く．まず大まかに書き，そして内容を記す．例えば「生化学：アミノ酸の反応」というように．

②「内容」を目標や学習目標，すなわち「自分が"知りたい"こと，"やりたいと思う"ことの詳細な記述」というかたちにして改めて書

第9章 自己評価のスキル 91

表9-3 マクマスター医学部のプログラムにおいてアセスメントされた主題知識の一例

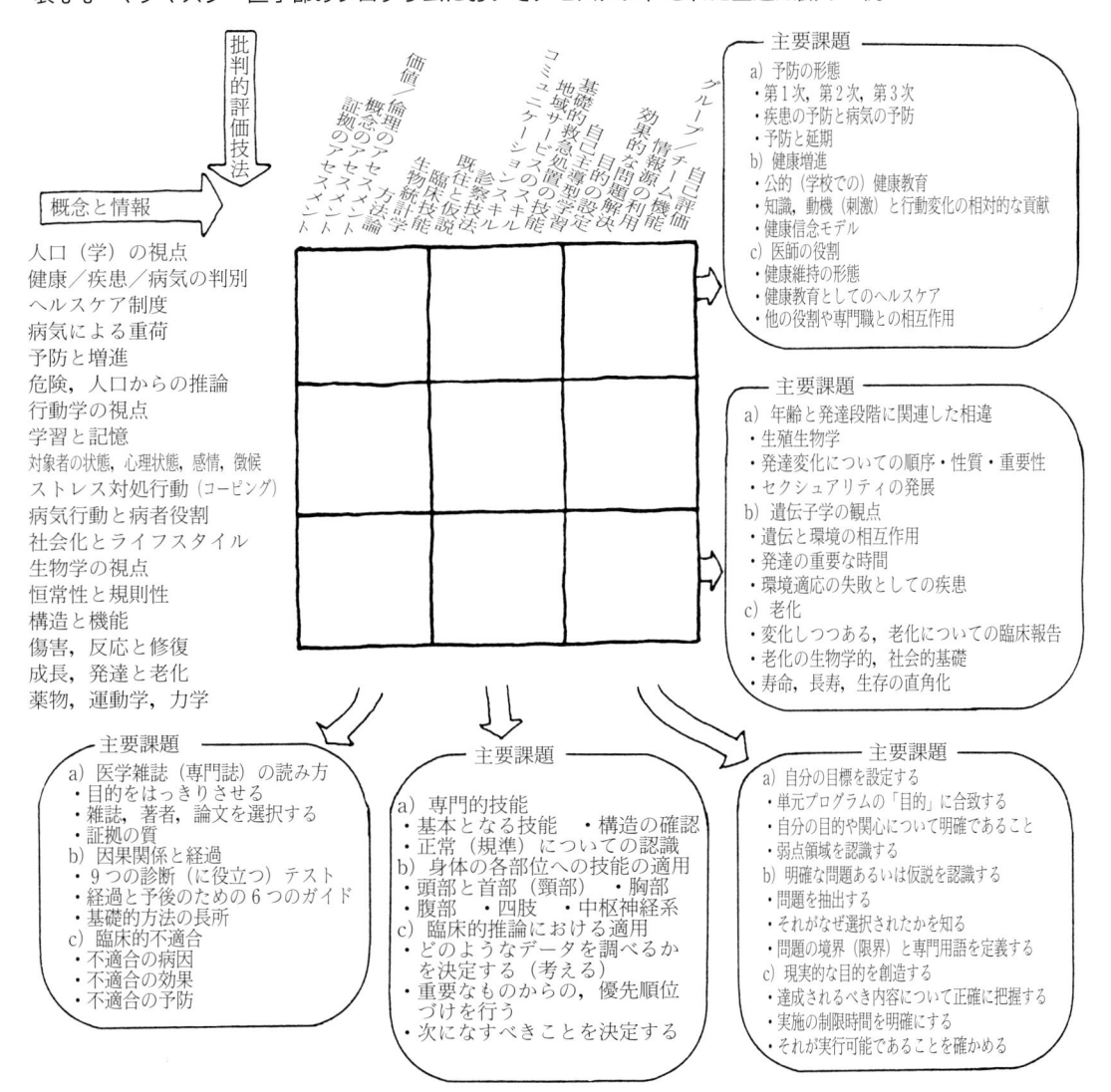

批判的評価技法

概念と情報
- 人口(学)の視点
- 健康／疾患／病気の判別
- ヘルスケア制度
- 病気による重荷
- 予防と増進
- 危険，人口からの推論
- 行動学の視点
- 学習と記憶
- 対象者の状態，心理状態，感情，徴候
- ストレス対処行動（コーピング）
- 病気行動と病者役割
- 社会化とライフスタイル
- 生物学の視点
- 恒常性と規則性
- 構造と機能
- 傷害，反応と修復
- 成長，発達と老化
- 薬物，運動学，力学

（縦書きラベル）価値／倫理，概念のアセスメント，証拠のアセスメント，基礎的救急処置，地域サービスの利用，コミュニケーション技能，効果的な問題解決，自己主導型の学習，目標設定，既存診察技能，臨床技能仮説，生態統計学，方法評論，グループ／チーム機能，情報源／自己評価

主要課題
a) 予防の形態
・第1次，第2次，第3次
・疾患の予防と病気の予防
・予防と延期
b) 健康増進
・公的（学校での）健康教育
・知識，動機（刺激）と行動変化の相対的貢献
・健康信念モデル
c) 医師の役割
・健康維持の形態
・健康教育としてのヘルスケア
・他の役割や専門職との相互作用

主要課題
a) 年齢と発達段階に関連した相違
・生殖生物学
・発達変化についての順序・性質・重要性
・セクシュアリティの発展
b) 遺伝子学の観点
・遺伝と環境の相互作用
・発達の重要な時間
・環境適応の失敗としての疾患
c) 老化
・変化しつつある，老化についての臨床報告
・老化の生物学的，社会的基礎
・寿命，長寿，生存の直角化

主要課題
a) 医学雑誌（専門誌）の読み方
・目的をはっきりさせる
・雑誌，著者，論文を選択する
・証拠の質
b) 因果関係と経過
・9つの診断（に役立つ）テスト
・経過と予後のための6つのガイド
・基礎的方法の長所
c) 臨床的不適合
・不適合の病因
・不適合の効果
・不適合の予防

主要課題
a) 専門的技能
・基本となる技能 ・構造の確認
・正常（規準）についての認識
b) 身体の各部位への技能の適用
・頭部と首部（頸部） ・胸部
・腹部 ・四肢 ・中枢神経系
c) 臨床的推論における適用
・どのようなデータを調べるかを決定する（考える）
・重要なものからの，優先順位づけを行う
・次になすべきことを決定する

主要課題
a) 自分の目標を設定する
・単元プログラムの「目的」に合致する
・自分の目的や関心について明確であること
・弱点領域を認識する
b) 明確な問題あるいは仮説を認識する
・問題を抽出する
・それがなぜ選択されたかを知る
・問題の境界（限界）と専門用語を定義する
c) 現実的な目的を創造する
・達成されるべき内容について正確に把握する
・実施の制限時間を明確にする
・それが実行可能であることを確かめる

く．再び大まかに「アミノ酸の反応」から始める．そしてさらに詳細にする．「アミノ酸とその反応について自分が知りたいことは正確には何か」「暗記リストをつくる，比較対照することができる，反応の確率について予測できるようになる，反応の確率に影響する因子をリストアップする，平衡状態の転換を予測する」など，さまざまな目標が出てくることだろう．

③次に，上にあげた目標を，人が「目標達成したことを証明している」のがわかるように，「観察可能な」言葉で書き直す．この作業には，条件や制約，あるべき証明の形についてのあいまいさを除くことが含まれる．つまり，「……という条件のもとでは，……することができる」という文章を付け加えるということである．ただの目標を観察可能な目標や下位目標に変換する上で提案したいことを次にあげる．

a．望ましい行動をするためには，観察可能な動詞を選んで書くこと．例9-1を参考にしてほしい．

b．専門用語はすべて明確に定義すること．

c．目標が「方法」や「手続き」ではなく，ち

表 9-4 目標は明確に，そして観察可能な言葉で記述されているか

初期の目標の記述	コメント	可能な改善
私がこのPBLの単元を終えたとき，ゴレンは「私は円と楕円の違いがわかる」と述べる．	あなたは違いがわかっていると言うが，その証拠としてどのような根拠を提供してくれますか：どのような情報が与えられることをあなたは期待しますか．その情報をどのように活用しますか	円と楕円についての多様なスケッチが与えられれば，私は円と楕円とを区別して，指し示すことができる
マリアは「私は正常な血液についてのすべてを学習し，それをグループに教えます」と述べる．	血液の流れ，化学が示唆するのか，異なる年齢の健康な人々における正常値，化学組織，顕微鏡ではどのように見えるのか	健康な人々の年齢と性別がわかれば，私は，血液におけるもっとも一般的な10の化学表示，および通常の濃度の範囲に関するリストを作成することができる．
アンドリューは「私は，PBLにおいて与えられた問題の中で，重要とされる課題を一覧表にすることが得意です」と述べる．	すばらしいが，私はあなたが「得意」という表現で何を意味しているかがわからない．ここで，私たちが「得意」という状態をどのように判断するかという点について，焦点を当ててみよう．そこで，結果の善し悪しを判断するために，観察可能な課題と基準とを結びつけてみよう．	問題が与えられれば，7つの異なる視点のそれぞれについて，4つの課題を書き記す（チューターは，60%の時間で，それが妥当で包括的なものであると判断するであろう）．

ゃんと「結果」として表現されているかを再チェックする．
d．通常はその仕事がなされる条件（または仮定）を明記しなければならない．

例9-1　目標の記述に使うべき言葉と使うべきでない言葉

使わない
・知る(know)
・感じる(feel)
・理解する(understand)
・気づいている(be aware)
・計画する(plan)
・解釈する(interpret)

使う
・言葉で述べる(describe)
・構築する(construct)
・計算する(calculate)
・決定する(determine)
・やってみせる(show how to)
・リストアップする(list)

---

④ステップ③で仮の記述をしたので，今度はその行動から得られると思われる証拠を考える．その証拠を記述し，「これは実際的であるか」を考える．
⑤これまでの4つのステップはすべて目標を立てることに関するものである．しかし，これは単なる仮のものである．目標の記述は疑いなく，基準や望ましいフィードバックのかたち，リソース，望ましい証拠の性質，実行する条件などに見合ったものに改める必要がある．

2）だれがつくるのか

目標の設定がすべてのカギとなるので，不完全または不適切な目標を選んでしまった場合，その科目や学習プログラムの「全体像」からして間違った素材を学ぶことになる．どうしたら自分が「正しい」目標をもっていると確信できるのだろう．

PBLには様々なプログラムやコースがあって，そのそれぞれが違ったアプローチをとっている．

・大きな，まとまった目標（表9-3にあるような科目のリストアップと同じようなもの）を与え，学生自身が満足でき，全体像にまだ入る程度のさらに細かいものを学生に作らせるものもある．
・ある問題のケースをあげて，学生がつくった目標についてチューターがフィードバックを

与えるようにさせる PBL のコースもある（これは指針作成プログラムの中で行われる）．
- 大きな目標を与え，それから学生自身が目標をつくったのちに，その詳細な目標の適切さに関するフィードバックを与える PBL のコースもある（これは MPS-SDL プログラムの方法である）．
- 教授側が大きな目標と細かい目標を最初から用意して始まり，プログラムが進むにつれて学生自身が徐々に目標づくりに責任をもっていく PBL のプログラムもある（Alverno College）．
- まず学生に，それが達成できれば「可」または「B」の単位がもらえるような細かい目標を与えるプログラムもある．「優」または「A」が欲しい学生は，自分自身の目標を立てる必要がある（これは MPS プログラムそのものである）．
- 期間中ずっと細かい目標を与えるものもある（Michigan State と Mercer Medical school）．

このように目標は，あるときはプログラムから出され，あるときはチューターによって，あるときは学生によってつくられ，またあるときはその責任が共有される．あなたのプログラムではだれが目標を設定するのかを決めること．

3．基準の選択

だれが目的をつくるかにかかわらず，学習目標には基準(criteria)を含んでいなければならない．基準は目標が達成されたかどうかを判定するための尺度である．例えば「ある程度の金をかせぐ」という目標を立てたとしよう．この言葉では不完全である．というのは，これでは「ある程度」とはどのくらいを指すのかがわからないからである．目標が達成されたことがわかる判断基準は，例えば「50 ドル以上」というようなものである．これならば，「今 30 ドルある，あとはたったの 20 ドルだ！」というように，進歩のほどがチェックできる．また目標を達成したこともわかる．「今 55 ドルある．達成できた！」というように．

基準を言葉で表すのは簡単なことである．しかし，これを測定できる言葉で明らかにし，表現することは難しいと考える人もいる．ここで基準の特徴は何か，基準はどのようにしてつくるのか，だれがつくり，「標準(standard)」とどのような関係があるのかを考えてみよう．

1）基準の特徴

基準の特徴は以下のようなものである．
①適切な表現の目標に関するものでなくてはならない．例えば，どのりんごが一番赤いかを判断するのに「重さ」を基準として使ってはならない．
②基準は測定できるものであること．例えば一番赤いりんごを選ぶとき，私たちはまず色の標準や色の波長を見て，一番赤いと判断される標準であることに同意するだろう．
③問題の文章のなかに記述されていない，暗示された基準もある．例えば「心臓に送られる血液の組成はどのようになっているか」という質問は，基準について触れていない．私たちはコンテクストによって，それぞれ違った解釈をすることになる．このように，基準とは以下のようなものであるといえる．
a．様々な要素のうち主な 10 の要素の構成が明記されるもの（しかしわずかな種類のものは考慮しなくてもよい）．
b．その報告データが 2% 以内まで正確なもの（または報告された数がそれぞれの正確さをもっているもの）
c．分析を 3 回繰り返し行う必要があるもの
d．別の研究所から別個にそのデータの確認をとるべきもの
④この課題にとりかかる前に基準について合意が得られていなければならない．

2）基準づくり

以下に，基準づくりのプロセスについての提案をいくつかあげておく．
〔オプション1〕 両極を比較する．何が良いかを記し，間違っていると思われるものと比較する．表 9-5 に例を示した．
〔オプション2〕 Arnold の達成・保持・回避法．「目標を達成する上で，何を達成したいのか，保ちたいのか，そして避けたいのか」を自分たち

表9-5　例：参加

> 私たちはPBLのグループ会議への，各メンバーの参加度を評価したい．どのような基準を用いればよいだろうか．
>
> 解答：
> 　参加度の高さを示す特徴をリストアップすれば，以下の項目が考えられる：出席する，熱心である，情報や新しい考えを積極的に提供する，討論に関連がある発言を述べる，(物事を)明らかにすることを積極的に求める，フィードバックを与える，注意深い，要旨を手短に述べる，相手を誉める，時間に正確である，準備をして会議に臨む，課題を欠かさずにやってくる．
> 　参加度の低さを示す特徴をリストアップすれば，以下の項目が考えられる：欠席する，遅刻する，準備をしていない，場を混乱させる，退屈そうな態度をする，居眠りをする，窓の外を見ている，沈黙する，あるいは攻撃的すぎる，話を作ってしまう．
> 　以上のことがらから，課題として分類される，指標が導き出される：情報を探索する人，情報を付与する人，要約する（内容をまとめる）人，「時を得た」（出席すること，時間に正確なこと，準備をしていること，時間延長しないこと），そして「対人関係スキル」に方向づけられた課題．これに加えて，意欲の指標がある．
> 　これは，それぞれの指標について，測定可能な言葉あるいは課題と意欲という指標について測定可能なスケールとなる．

で考える．この方法は，人との関係の中で活動する方針を決めたり，どのようにコミュニケーションをとるかを決めたりするときにもっともよく応用できる．

〔オプション3〕　教師になる．この方法では，だれかが何かを「学習した」かどうか判定を頼まれる教師になったつもりになる．どうテストするか．自分の出すテストをつくってみよう．

3）だれが基準をつくるのか

学習目標をつくる者はすべて，基準もつくらなくてはならない．この2つは，切っても切れない関係にあるからである．実際，目標の記述には基準が含まれていなければならない．時には基準のない目標を与えられることもある．その場合はおそらく直観的に自分自身の基準をつくることになるが，基準を文章にして書き，それを評価してくれる人と一緒に確認するとよい．初めのうちは，主に教師やプログラム，チューターが基準をつくるだろう．しかし学習者であるあなたが，徐々にそのスキルを身につけなくてはならない．

以上のように，基準をつくるのはとても難しい．しかし基準がなくては，目的・目標の設定はきちんと行われない．基準と目標の設定は一蓮托生なのである．

4）標準と期待する結果；資格授与と実施義務

評価を行う権限をもった者は，評価の対象となる経験の標準と質を説明する責任を負っている．自己評価をする権限が与えられたからといって，自分が望むとおりの評価を自分に与える資格を得るわけではない．あなたは，自分が達成することの標準を説明する責任を負っている．標準と期待する結果は相対的なものではなく，絶対的なものを基盤にしていなければならない．つまり私たちが関心をもっているのは，だれかほかの人よりもよくできるということを知ったり，ランキングをつくることではないのである．私たちは，何らかの達成水準や達成標準に照らして，結果を評価しようとしているのである．その標準となるものを，だれかがつくらなくてはならない．

自分用に設定する目標や基準の質について，チューターから前もって意見を聞いている人が多いことと思う．チューターがあなたのアセスメントの作業の質を評価することは間違いない．評価の対象となる知識やスキルによって，期待されることは変わってくる．あるものについては，間違いがゼロの100%を期待するかもしれない．またあるものについては，最低でも50%以上という範囲でも十分だと考えたり，さらに「可以上」とか「最優秀」という言葉をつけ加えるかもしれない．このほか「可」や「良」「優」などの言葉もある．これらは数字のパーセンテージに変換することができる．もう1つの選択は，評定の用語をつくり，そして「どの程度実行されたか」を問うものである．これには「どれもできなかった」「少しできたが主要部分が抜けている」「ほとんどできた」そして「全部できた」などがある．表9-6にその例を示した．

標準や測定できる基準をつくるとき，私たちは目標に戻ってそれを修正しなくてはならない．自分が期待する水準について考え，あらゆるかぎりの情報源を鑑みて，その水準が適当であるかどう

表9-6 評価についてのフィードバック

目標：内容が十分に確認されており，目標が興味深く，達成可能なものであり，目標は具体的で観察可能な用語で記述されており，明確であり，「付与された」状況は具体的である．

これらの行動はまったくあてはまらない	これらの行動のほとんどがあてはまらず，大部分が省略されている		大部分の特徴が説明される		これらの行動についてすべてあてはまる	
☐	☐	☐	☐	☐	☐	☐
1	2	3	4	5	6	7

基準：基準は目標と一致しており，測定可能で実践的である．基準は興味深く，達成可能である．

これらの行動はまったくあてはまらない	これらの行動のほとんどがあてはまらず，大部分が省略されている		大部分の特徴が説明される		これらの行動についてすべてあてはまる	
☐	☐	☐	☐	☐	☐	☐
1	2	3	4	5	6	7

証拠：収集された証拠の類型と質は，目標と基準に一致している．証拠は意識的に，十分に長い期間をかけて収集されてきた．証拠は十分に体系だてられている．証拠の質と程度は，目標が達成されたと私が判断するのに十分な程度のものである．

これらの行動はまったくあてはまらない	これらの行動のほとんどがあてはまらず，大部分が省略されている		大部分の特徴が説明される		これらの行動についてすべてあてはまる	
☐	☐	☐	☐	☐	☐	☐
1	2	3	4	5	6	7

プロセス：評価のプロセスが適用されており，私は独立した評価者として，目標が達成されたと判断する程度に関する決定に同意する．

これらの行動はまったくあてはまらない	これらの行動のほとんどがあてはまらず，大部分が省略されている		大部分の特徴が説明される		これらの行動についてすべてあてはまる	
☐	☐	☐	☐	☐	☐	☐
1	2	3	4	5	6	7

特筆すべき点　　　　　　　　　　　　取り組みべき領域
_____　　_____
_____　　_____
_____　　_____
_____
_____　　D.R. Woods, "How to Gain the Most
　　　　　　　　　　　　　　　　　　from Problem-based Learning" (1994) より

かをチェックする必要がある．

4．どのような情報源か

　目標は達成可能なものでなければならず，基準は満たすことができ，達成可能なものでなければならない．視力に障害のある人は，飛行機のパイロットになりたいと望みはしないだろう．また，自分に芸術的な才能があまりなければ，芸術家になろうとはしないだろう．このようなことは常識

と思われるかもしれない．しかし，それでもあきらめない人はいるのである．

それではPBLの立場に立って目標について考えてみよう．目標を達成するためには，そのための時間，情報源へのアクセス，そして学習グループ内での十分な人数が必要である．

例えば，あるときは自己主導型学習グループの各メンバーがそれぞれ違ったコンセプトを学ぶことにして，再びグループに戻って自分のコンセプトについて教え合う．またあるときはメンバー全員が同じ主題について学び，グループでメモを比べて同じ主題について議論する．私たちは必要な情報源を特定しなくてはならない．そして，情報源にもとづいて目的・目標を訂正する必要がある．はたして，その目標は現実的で達成可能なものだろうか．

「目標が達成可能なものである」
- 現在1年につき3万ドルかせいでいる．来年は20万ドルかせぐことが目標である．
- 今はコンピュータについて何も知らないが，来年にはPC Trieexコンピュータの世界的権威になっていたい．

「フィードバック」

このような目標は，ある人にとってはよくできているかもしれないが，大部分の人にとっては達成不可能なものである．

目標は現実的でなければならない．

達成可能な目標には，膨大な量の知識を得る必要のあるような複雑なケースや状況を与えられるという特徴がある．利用できる情報源によって学べるような，必要な重要な知識に焦点を当てた目標をつくりあげる必要がある．

キーポイントは，まず最初にそのケースの基本となるものと，明らかにされている主要問題を学ぶということである．「ものごとを徐々に明らかにしていく」という原則を応用する必要がある．1つのケースからすべてを学びとることはできないのである．

5．裏づけとなる証拠は何か

目標や学習目標から，自分が目標を達成したことを裏づける証拠を集めることができる．自己主導型学習では特に，学習者は裏づけとなる証拠をつくることになる．時には証拠の一部として，フィードバックというかたち（「問題解決」における表3-5，「グループ・プロセス」の表5-1，「チームの規模」の表5-5，「SDL指導」における表7-3などにあげられているもののように）も使われる．

基準を客観的に詳細に記録したり応用したりするために，これについてじっくり考える必要がある．以下のことを考える必要がある．

- どのようなかたちの証拠ならば適用できるか．目標に関連した証拠とはどのようなものか．また，それによってどのような基準が満たされるのか．証拠を提示するにあたって，感覚的なものも悪くはないが，しかし質的データのほうがよい．達成までを詳細に記録するために，日記をつけることは，常識的に使われる，たいへん効果的な方法である．年間の活動記録をつけたファイルを作るのもよいと思われる．
- 目標に向かっていくためにどのような監視方法を使うのがよいか．
- それぞれの目的が要求することを支えるための7つの違った妥当な証拠を見つけることができるか．

表9-7に，1つのケースを示した．

6．アセスメントの目的は何か

私たちはいくつかの目的について評価する．それはどのような目的か．表9-8にその選択肢をいくつかあげた．なぜ評価されたいと思うのか．

7．どのような条件の下で評価がなされるのか

評価が行われる条件を理解しなければならない．小グループのチューター制において評価が行われるのか．評価はチューター制の下で達成についてのみ行われるのか，それとも自己評価やグループ評価をも含むものか．評価の対象となるのは個別の文書化された活動か．日記は含まれているか．

自己評価では，評価は継続するものと考えがちである．しかしやはり，目的の達成度や進歩の度合について特に考える，特定の時間というものが

表 9-7 例：学習における進度を知ること

> あなたは学習における進度を知ることを難しいことであるとみなしている．あなたは自分がうまくいっていると考えているが，あなたは自分がもっと良い達成感をもてればと望んでいるでしょう．さて，あなたはどうすればよいのでしょうか．
>
> 解答：
> あなたは日記を書くことを開始し，PBLのグループミーティング前に，あなたの初期段階での技法をその日記に記せばよい．それから，1週間後，2週間後などに，個人的アセスメントを読み返せばよい．あなたは自分が達成したいと思っている特別な個人的目標を確認し，単純なフィードバックフォームを構築し，あなたにフィードバックを提供してくれるように，あなたのグループメンバーに依頼する．要点の1つは，目標を確認し，振り返り，記録することである．記録するという点においては，便利で容易な方法を把握しているということは有用である．日記の執筆に関して，さらに詳しく知りたい場合は，Alverno College and the MPS program：Woods (1994) the instructor's guide or PS news 84 or 85を参照．

ある．このような時間がいつであるかを判断すること．さらには，そのための時間をとっておくことが重要である．

8. だれが評価をするか

様々な多くの人が評価をすることができる．熟練したオブザーバーや同僚，オブザーバーになれると思われる同僚，チューター，他のグループ，本人，模擬患者，あなたの研究をみてくれる同じ研究所のメンバー，あなたの研究を見てくれる同僚など，おそらく多くの様々な評価者がいることだろう．アセスメントをする人はだれでも，フィードバックのかたちや道具に，また評価のプロセスに精通していなくてはならない．自己評価では，本人が評価をする権限をもっている．ただし同僚やチューター，またプログラムに説明する責任を負っている．

9. 評価にはどのような標準が使われるか

指導者が宿題を採点するときはいつでも，まず最初に点数配分表をつくる．それによって，点数配分や配点をすることができる．これと同じように評価においても，以下のような場合に客観性と

表 9-8　アセスメントの目的

> 私は以下のことを行うためにアセスメントを受けたい．
>
> a) チューターからのフィードバックを受け，チューターが私に期待しているすべての知識とスキルを持っているということを，自分に確信させるために
>
> b) 自分で進度を監視し観察できるように，自分に対してフィードバックを与えるために
>
> c) 私の適切な自己イメージや，知っている内容についての自信を高めさせる手助けにするために
>
> d) 外部の諸機関に対する証明を与えるために．「この評点は，私が認定された有能な薬剤師であることを証明する」
>
> e) より上級のプログラムへの進級を承認するための基準を与えるために．「私が大学院へ進学できるような評点を与えてください」
>
> f) 学習における私の自律性（自主性）を高めるために
>
> g) 自己能力評価を行うプロセスにおける技法を開発するために
>
> h) 成果の要約として，達成の「点数」や「評点（格付け）」を与えるために
>
> i) 全課程，あるいは一連の知識を1つの視点へと導く（発展させる）ことを私自身に強いるために
>
> j) 自己主導型学習活動の中から，自分が何かを学習しているのだという自信を，自分に与えるために

妥当性，そして評価の相互理解が役に立つ．
・評価者が標準をもって作業をすすめる場合
・評価される者と評価を行う者のどちらもが「フィードバック」のかたちに精通し，慣れ親しんでいる場合．どちらもこのかたちの限界を知っていなければならない．

標準のかたちは以下のようにつくるべきである．
1) 第5章の2-3で概要を示した「フィードバックを通して成長するためのガイドライン」の原則に基づいてつくる．例えば，フィードバックによって，現実と，そして取り組むべき領域が明確にならなければならない．フィードバックは体系的で，かつ継続的でなければならない．つまり，もしだれかが25か所の間違いをしていたら，その時点で取り組まなくてはならないもっとも大きな2つの点を明確にして，ほかはひとまず一時的によしとす

る．それと同時に，正しい知識と効果的で適切なスキルをも明確にする必要がある．
2）内容や目標，基準に適したものにする．
3）作業が簡単であること
4）その中でうまく区別ができるだけの，十分な範囲があること
5）客観的で信頼性のあるものであること．個々のオブザーバー間のフィードバックが一貫していなければならない．「ある文章を与えて」，その文章に評価者としてあなたがどの程度賛成するかを予測するように指示する「リッカート・スケール」を使うのも1つの方法である．表9-6に，リッカート・スケールの一例をあげた．

フィードバックを与えるにあたっての問題には次のものがある．
1）成績が標準を下回っている場合，オブザーバーはその人の45か所の間違いばかりに目がいきがちである．このフィードバックはやりすぎであり，体系化されていない．普通はあまり能力を明らかにしようとはしない．
2）成績が標準をかなり上回っている場合，オブザーバーはまったく肯定的になってしまい，取り組むべき領域を明確にすることを忘れがちである．
3）成績が期待を下回っている場合，私たちは間違いを明確に特定したくないと考えてしまう．取り組むべき領域を明確にしないと，進歩できるはずがない．私たちは1つひとつの間違いを記録に残しながらも，「合格点」を与えているということがある．例えば目標をつくる能力を高めるためのワークショップについて考えてみよう．あなたが観察している人は課題ができないとする．フィードバック形式では，範囲内での「主題のつくり方を学ぶ」取り組みに注目する．しかし学生に「点数」をつけるようにいわれたとき，おそらくあなたは「申し分なし」と答えるだろう．そのようにした場合，その学生はその先2度と目標のつくり方を学びはしないだろう．フィードバックは進歩のために行うものである．私たちは目標と役に立つフィードバック抜きでは進歩できない．

一般的に，1人の人がいちどきに観察し，フィードバックを与えられるのはおよそ3人までと考えられる．自己評価にあたって，自分自身のフィードバックと評価のかたちができてくるだろう．

10．評価の結果はいつ発表するか

評価の結果は即座に発表すべきである．

11．結果が発表される状況はどのようなものか

おそらく評価者と被評価者との議論やインタビューがもっとも適している．自己評価では，自分自身を継続的に評価していき，ある地点まで行き着いてしかるべき方法をとるような時間をもつことになるだろう．

12．評価プロセスにおいてどのような訓練や観察をするか

訓練は行われるべきである．自己評価する権限を与えられるということは，その結果評価を公表するための説明の義務を負うということである．

1）訓練

評価プロセスにおける訓練は，評価にかかわる人すべてに役立つものである．本書で述べているマクマスター問題解決プログラム（MPS 3）は，そのような訓練の一例である（111頁）．これについては Woods らが著書を出している（1988）．

2）監視：エンパワメント（権限）と責務

自分の使用した評価プロセスは自分で監視する必要がある．自己監視もできるし，また同僚にやってもらったり，チューターに頼むこともできる．表9-6にフィードバックの形式を示した．

13．自己評価

自己評価（自己主導型学習）においては，これまで述べてきた要素はすべて以下のような課題の一部である．すなわち，観察可能な目標の設定，測定可能な基準を明確にすること，基準を目標に見合ったものにすること，目標を達成するための活

動が何かを明らかにし，また目標が達成されたことを証明するものを見せることなどである．際立った特徴としては，自分が評価をして，自分自身にフィードバックを与えるということである．

14. 自己主導型・相互依存型・小グループのPBLの自己評価

自己評価は，自己主導型・相互依存型・小グループのPBLには当然あるべき要素の1つである．自分自身の学習，グループ・プロセス，問題解決や問題への取り組み方などを評価する権限を与えられることで，以下のような結果をもたらす．

- チューターに対して，「私たちはどうだったか」と尋ねるなど人に依存することがなくなる．
- 別な方法で取り組むよりも豊かに，自分の個人的な目標の設定に取り組める．
- チームのメンバーの間に，信頼と受け入れる気持ちとが育つ．単なるグループからチームへと変わる．それは，チームのメンバーに対して，自分が評価をするために使えるような，公正かつ客観的で体系的な証明をくれると期待するからである．
- それ以外の方法からでは失われてしまうような，新鮮で迅速なフィードバックを得ることができる．
- 自分の評価と評価プロセスのスキルとが上達する．
- 自己評価の権限には責務が伴うことを既に心得ているため，責務を果たすことも上達する．これが，順に，「私のすべての教育的経験から，どのようにこれを学ぶことができるか」という姿勢を養うことへとつながる．

自己評価する能力を得るということは畏怖すべきことである．

15. チューターの役割を理解する

評価プロセスのなかでのチューターの役割について決める時間をとる．

16. まとめとフィードバック

効果的な成績の評価には，詳細で観察可能な目標と測定可能な基準が記述されていること，客観的な証明を構成するものとその証明が訂正されるべき状況についての理解が必要である．また，だれが評価をするかについて，そしてどのようにその評価を提示するかについても明らかにしなければならない．どのような評価においても重要な12の要素の概略が述べられている．評価プロセスのすべての条件と要素が，詳細に記述されていなければならない．

自己評価をする権限を与えられるということは，「欲しいものが何でも与えられる」許可を得たということではない．それには責務が伴うのである．自分の設定した目標は，達成可能でしかも自分を伸ばすものでなければならない．そしてチューターやプログラムのそれと矛盾しないものでなければならない．目標が達成されたかどうかをみるために使用した基準やまわりに見せる証明は，完全で，適合していて，測定可能で，そして明確なものでなければならない．また，使用する評価プロセスは自分が決めた目的にかなったものであり，他の監視する人に説明できるものであること．

評価をするときのプロセスに反映させて使用できるフィードバック形式を表9-6にあげた．さらに詳しく知りたい場合は，MPS 3 (111頁) やAlverno (1985)，LoackerとJensen (1988)，Boud (1988)，そしてWoodsら (1988) などを参考にしてほしい．また主題に関する知識をテストするための（もしも他のPBLグループがフィードバックに使う「テスト」を作成したければ）評価の選択肢について詳しく知りたければ，Swansonら (1991) を参考にしてほしい．

文献

Alverno College (1985) "Assessment at Alverno College," Alverno College publications, 3401 S. 39th St Milwaukee, WI.

Arnold, J.D. (1978) "Make up your mind!" Amacom, 135 West 50th St., New York, NY.

Boud, D. (1988) "Assessment in Problem-based Learning," Assessment and Evaluation in Higher Education, 13, 2, 87-91.

de Stephen, R., (1985) personal communication, Hilton Head Conference on Teaching Thinking.

Loacker, G., and P. Jensen (1988) "The Power of Performance in Developing Problem-solving and Self-assessment Abilities," Assessment and Evaluation in Higher Education, 13, 2, 128-149.

MPS 3, "Self-assessment," Chemical Engineering Department, McMaster University, Hamilton, ON.

PS News 84, Jan-Feb 1993, ISSN 1180-5471, Department of Chemical Engineering, McMaster University, Hamilton, ON. [features MPS Unit 3, "Self-assessment," with an example journal.]

PS News 85, Mar-April, 1993, ISSN 1180-5471, Department of Chemical Engineering, McMaster University, Hamilton, ON. [features MPS Unit 5, "Managing Stress," with an example journal.]

Swanson, D.B., S.M. Case and C.P.M. van der Vleuten (1991) "Strategies for Student Assessment," Chapter 27 in "The Challenge of Problem-based Learning," D. Boud and G. Feletti, eds., Kogan Page, London.

Woods, D.R., Marshall, R.R. and Hrymak, A.N. (1988) "Self-assessment in the Context of the McMaster Problem Solving Program," Evaluation and Assessment in Higher Education 12, No. 2, p107 to 127.

Woods, D.R. (1994) Instructor's Guide: "How to Help Your Students Gain the Most from PBL," Department of Chemical Engineering, McMaster University, Hamilton, ON. [includes a student journal on "strategy" and one on "self-directed learning."]

第10章
まとめ

> **サーディアのPBLプログラム**
> 「私が今やっているPBLプログラムの組み方はまったくなってない．チューターが私たちにあるトピックを与えて，次の授業で大きなテーブルのまわりに私たちを座らせて"ディスカッション"させるの．クラスには35人もいるから，私は議論する機会があまりないし．これが本当にPBLといえるのかしら」サーディアはこのように疑問に思っている．
> ソニアも同じように戸惑ってはいるものの，このように答えた．「受け身の授業よりよっぽどいいわ．それにトピックのおかげで勉強しなくちゃいけないし，そういう意味ではこれもPBLだと思う．この本に書かれている他の要素とかスキルに関しては，私が思うのはね……」
> ソニアはサーディアのPBLプログラムについてなんと言うだろうか．

自己評価型・自己主導型・相互依存型・小グループによるPBLは，学習するためには刺激にあふれた環境といえる．すべての課程やプログラムがこれを同じようにとり入れるというわけではない．問題基盤型(problem-based)を標榜している医学部にも様々なものがある．医学に始まり看護学，理学療法，薬学，法律，林学，獣医学や工学など，いろいろな種類がある．サーディアのPBLプログラムを例にとってみよう．ソニアの冒頭の意見は鋭いところを突いている．この後，彼女はどのように続けたのだろうか．

サーディアの置かれた状況で，自己評価型・自己主導型・相互依存型・小グループによるPBLについてわかっていることは何か

おそらく読者はすでに，自己評価型・自己主導型・相互依存型・小グループによるPBL学習には熟練していることだろう．そうであれば，本書がこのプログラムから多くを得るために必要なスキルと姿勢を明らかにするのに役立ったと信じる．もしあなたが，PBLの形式とそのヴァリエーションやその有効なすすめ方について主要な点から詳細までを理解したならば，他の人が経験を豊かにできるように援助してほしい．本書は読者が特別な経験を加えていく枠組みとして利用できるものである．

この状況において，主な問題となるのは何か

自分独自のPBL形式を有効に利用するうえで大事な点は以下のことである．
1) 柔軟性をもつこと．様々なPBLへのアプローチがあることを予測し，それぞれのアプローチを活用することを学ぶ．
2) 自分が熟練しようとするすべてのスキルに取り組むこと．経験を，「科目の知識を学ぶこと」にかかわらず重要な分野においてスキルを上達させ，磨くものとしてとらえること．これには(自分の事情によるが)，問題解決や

101

表10-1 PBLのバリエーションの例

トピック	指導計画	医学部	ビジネススクール、事例アプローチ	MPSプログラム
問題の記述	約1/2〜1ページ分	約1節(パラグラフ)	約10〜40ページ	約1節(パラグラフ)
第1段階へのフィードバック	チューターがフィードバックを実行するが、それは学生の予想される反応にもとづくものである。学生は自分の準備ができたときに、フィードバックを得る	チューターは5人の学生のグループに質問を行い、フィードバックを与える	教師は、30〜80人の規模のクラスで学生の討論の推進者となる	グループは自分たちの準備ができたときに、チューターに承認された記述した目的と課題を設定する
自立型自己学習	全員が同じトピックを学習し、そのトピックをグループで討論するようにする	多様である：全員が同一の、もしくは異なる科目を学習し、グループでお互いに教授／学習するようにする	各人がその事例についての課題や知識を学習し、その結果(成果)を説明し、正当化するために授業に参加する	全員が異なる主題を学習し、それらの科目内容についてグループでお互いに教授／学習する
アセスメント	チューター	主にチューター	チューター	個人的なインタビューを通じて、チューターにプロセスを監視してもらいながら、自己評価をする

グループ・プロセス，自己主導型・相互依存型学習，そして生涯学習や自己評価のスキルなどがある．これに加えて，間違いなく「科目にもとづいた(subject-based)」アプローチから学んだものとは別の知識のなかに体系をつくり出すことになる．これを意識したうえで，その体系を強化するための特別なこともするべきである．

3) 自分のスキルを継続的に豊かにしていくこと
4) 常にコミュニケーションをオープンにしておくこと
5) 我慢すること
6) 監視をして、フィードバックを頻繁に与えること
7) チューターの役割を理解すること

このような問題についてそれぞれ順に考えていくこともできるし，また必要と思う部分まで直接とぶこともできる．

1．柔軟性をもつ：様々なPBLへのアプローチを予測し，理解する

数多くのアプローチがある．表10-1にあげたものは，ほんの一部である．なかには「自己評価」する機会を与えてくれず，チューターがすべてをやってしまうアプローチもあるだろう．それはそれでよい．機会がないものに注目するのではなく，機会をもっているものに注目すること．そのような機会の価値を認識するために，PBLプロセスの中のそれぞれの活動にだれが責任をもつのかを明らかにする時間をもつ．表10-2に書き込んでみよう．

2．すべてのスキルに取り組む

PBLの形式と経験は，新しい知識を身につける

表10-2 あなたのPBLプログラムにおける各活動にだれが責任を負っているか

活動	チューター	両者共有	学生
問題を抽出する			
課題を認識する			
目標と基準			
情報源を抽出する			
アセスメントを構築する			
アセスメントを実行する			
知識を問題に適用する			
プロセスを振り返る			

ほかに，スキルが上達するチャンスを与えてくれる．ほかのものよりもよい機会を与えてくれるプログラムもあるが，普通は次のようなスキルを向上させるために機会ができる．

- 問題解決
- 人間関係．相手の話を聴き，答えること
- 自覚と自信
- グループ・プロセス
- 自己主導型・自立型学習
- 自己主導型・相互依存型学習（「生涯学習」のスキルでもある）
- 自己評価
- 科目の知識を，問題とその解決（LTMの中でその知識の「体系」を変えるもの）に関連づけること
- 経験の知識を引き出すこと

本書の各章を，このようなスキルの向上のための枠組みをつくるために利用していただきたい．

3．継続的にスキルを豊かにする

「ものごとを徐々に知っていく」という原則を応用すること．図2-2と図2-3を思い出してほしい．PBLは科目の範囲全域にわたって知識の幅を広げるものであり，その広がりは科目の範囲全域にわたって継続的に深さを増していくものだということである．1つの問題例から「すべてを学ぼう」とする誘惑に打ち勝たなくてはならない．徐々に知識を構築していくのである．本書は読者の最初の問題に関する手引きとして使われたことと思う．皆さんは自分が経ている変化のプロセスや応用している問題解決スキルなどについて，これまで熟考を重ねてきた．しかし，問題解決や変化の管理，グループ・プロセス，自己主導型学習，そして自己評価などに関連したスキルは，他のどんな5項目よりも複雑で膨大なものである．PBLではその科目の分野だけでなく，この5つの付加的な項目も同時に学習することになる．本書で何度も注意しているように，「すべてを，一度に，学ぶことはできない」のである．

その科目の分野で継続的に知識を構築していくだけで，問題解決，グループ・スキル，自己主導型，相互依存型学習と自己評価という5つの領域のスキルが継続的に構築できるのである．私たちはすべてのスキルが一度に上達してほしいと思ってしまう．しかしそれはできない．むしろ，継続的にスキルをつくり上げるために「テーマ」に目を向けてみよう．表10-3では，これをどのように実行するかについて提案している．

最初のPBLの活動として，まず本書にあるすべての原則を応用しようとはせずに，むしろいくつかのプロセスを意識すること，自分が何をしているかを監視することに注意を向けてみる．特に第1章の態度，第3章の活動，そして第5章のいくつ

表 10-3　知識とスキルを継続的に学習する

主題の知識	問題解決スキル	対人関係スキルとグループ活動スキル	自立型のスキルあるいは生涯学習スキル	自己アセスメントスキル，あるいは活動復習スキル	態度
PBL 活動1：テーマ：気づいていること，そして監視すること	方略と監視，表3-5の用紙	基本，予想，そしてあなたが行う個人的フィードバックを練習問題5-5を通じて行う表5-1の用紙	フィードバックを提供する，表7-3の用紙		変化プロセス，態度の変容が必要とされる
PBL 活動2：テーマ：課題と目標，知識構造：課題をもとに基本原則を関連づける	問題の明確化：課題を認識するために表3-6の引き金を用いて		学習目標：観察可能ものにし，測定可能な基準を付け加える	目標：観察可能で測定可能な基準を付け加える	
PBL 活動3：テーマ：自己対話	創造性：判断を先に延ばす；自己対話：引き金，表3-2：フィードバック，表3-3	自己対話と怒り，個人的好み，ユングの類型			自己対話とストレス管理
PBL 活動4：テーマ：基準	基準と意思決定：表3-4		目標をアセスメントするための，測定可能な基準	アセスメントのための，測定可能な基準：証拠	
PBL 活動5：テーマ：自己管理	課題を探索する	葛藤に対処する			時間管理
PBL 活動6：テーマ：経験，知識，指針とを現実世界に対する知識構造を関連づける	同意にもとづく決定	議長	教えることと，発表することとの葛藤		
PBL 活動7：					
PBL 活動8：					

かの活動に注目してみよう．熟考と意識することに重点をおく．

PBL の第2の活動，第2の問題例では，2つの違うテーマにトライしてみる．目標設定／問題の見極めと，新しい科目の知識を現実の世界と問題とに関連づけてみるということである．目的，目標設定，違う視野と視点でものを見ること，これらは次のことに影響を及ぼす決定的な段階である．

・問題解決：現実の問題を見極める．
・自己主導型学習：重要なのは学習目標の設定である．
・評価：明確に定められた目標がなければ，進歩を評価することはできない．

同じように，自信とスキルを徐々に構築していけるように，表10-3に，他のテーマやトピックの概要を示した．

4．常にコミュニケーションを積極的に行うこと

チューターやクラスメートとコミュニケーショ

ンをとること．協力して活動し，さらには考えを分け合い，プロセスに関心を寄せること．

自分が経たプロセスについてよく考えることで，自分自身とのコミュニケーションをとる．反省ノートや日記をつけることは，スキルを向上させるうえでおそらくもっとも有効な手段である．それはなぜか．態度の変化を導き出したり自信を育てるプログラムは，多くが「反省日記を書くこと」をさせている（例：Chamberlain, 1978）．やるべきことは，自分の考えを書き出して明らかにし，それを理解し，その証明を整理し，自分の進歩を見るためにその証明を基準と目標に関連づけるというものである．目標を達成し，また達成したとわかるまで進歩を監視すること．あなたならば何を書くか．必要ならば以下に日記の構造をあげたので参照してほしい．

- 目的と基準を集めて整理する．
- これまでの課題への取り組みを振り返って考える．
- 過去のできごとや活動によって発見したことの全体像を考える．
- 証明を分析し，目標に関連した結論を出す．結果とは「目標が達成された程度」である．
- 違う状況（学校や日常生活など）でそのスキルを応用してみることで経験を豊かにする．証明をして，できごとについて熟考する．
- 結論を出し，これから成長するための目標を立てる．

5．我慢する

このスキルは複雑である．学習ではすべてが新しい冒険であるため，これが育つのは不確実性のまっただなかにおいてなのである．特に自分自身に対して我慢すること．

6．監視をして，互いにフィードバックを頻繁に与える

おそらく自分で確信がもてないときやストレスがたまるときもあるだろう．自分が経ている変化のプロセスを思い出してみよう．本書で提案している，進歩を監視し反省するための様々なフィードバックの用紙を利用する．同僚に，この用紙を使って即座にフィードバックを与えてくれるように頼む．

7．チューターの役割を理解する

PBLにおける自分独自のチューターの役割を明らかにする．

8．楽しむ

PBLはおそらく，読者が人生で出会うなかでもっとも豊かな学習環境である．存分に味わい楽しもう．

文献

Chamberlain, J.(1978) "Eliminating your SDBs: self defeating behaviours," Brigham Young University Press, Provo, UT.

PS News 84(1993)bimonthly newsletter "Problem Solving News," published by the Chemical Engineering Department, McMaster University, Hamilton, Jan-Feb 1993.

さらに詳しく知りたい人のための文献

Barrows, H.S. and R.M. Tamblyn (1980) "Problem-based Learning: an approach to medical education," Springer Publishing Co., New York, NY.

Boud, D.J. (1985) "Problem-based Learning in Education for the Professionals," HERDSA, Sydney.

Boud, D.J. and G. Feletti (1991) "The Challenge of Problem-based Learning" Kogan Page, London.

Bridges, E.M. (1992) "Problem-based Learning for administrators," ERIC Clearing house on Educational Management, University of Oregon, Eugene, OR.

Christensen, R.C. (1987) "Teaching and the Case Method," Harvard Business School, Harvard, MA.

Erskine, J.A.,M.R. Leenders and L.A. Mauffwette-Leenders (1981) "Teaching with Cases," School of Business Administration, University of Western Ontario, London, ON.

Harrisberger, L. et al. (1976) "Experiential Learning in Engineering Education" American Society for Engineering Education, Washington, DC.

"Pedagogue," a Newsletter, McMaster University Faculty of Health Sciences, Room 3N51, HSC, Hamilton, ON, L8N 3Z5 ,Canada

"Probe," a Newsletter of the Australian Problem-based

Learning Network, c/o PROBLAC, PO Box 555, Campbelltown, NSW 2560, Australia.

Wales, Charley, "Centre for Guided Design" West Virginia University, Morgantown, WV.

Walton, H.J. and M.B. Matthews (1989) "Essentials of problem-based learning," Medical Ed., 23, 542-558.

付録 A
Perry のモデルのための
フィードバック

第1章のなかで，2つの質問票が Perry のモデルとして，学習態度を振り返る手助けとして紹介した．あなたは，この質問票に対する自分の回答をどのように解釈するだろうか．

詳細について検討する前に，すべての質問票に対するあなたの回答や解釈を，額面どおりにとらずに幾分疑って，取り扱ってもらいたい．回答に正解や間違いはないのである．あなたが質問票に記入し，質問票を言語化する作業を完了させた，その時のあなたの感じ方が(感じ方次第では)，「あなた自身を表現していない」ような回答を導き出すかもしれないのである．

あなたは質問票をどのように活用するだろうか．質問票は，私たちがある特定の課題に焦点を当てることができるように，計画的に作成されており，承認を受けたものである．この2つの質問票は，「あなたがどのような態度で学習プロセスに臨んでいるか」「だれがどのようなことに関して責任を負っているか」「学習環境のどのような側面が，あなたの学習を手助けし，学習をより楽しいものにするのか」という点に関して，あたなに振り返るように求めている．その課題に焦点を当てるための1つの方法は，ただ単にこれらの質問に答え，熟考するための枠組みとして Perry のモデルを用いることである．質問票は，そのプロセスを容易にするために設計されている．

Gainen の質問票

質問票の最後のところで，A，B，C，あるいはDといったあなたの回答の数字を，8つの質問の

回答結果の例

工学部の3年生の典型的な分布の例を示す．

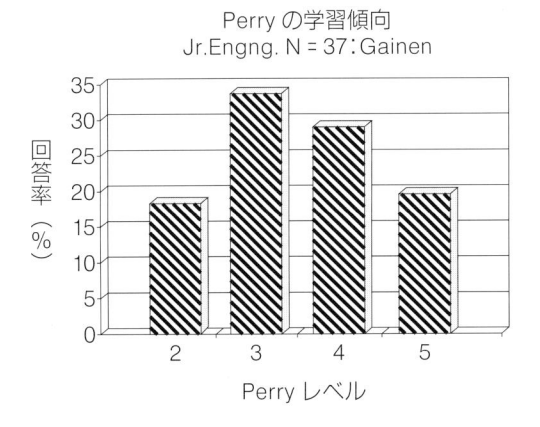

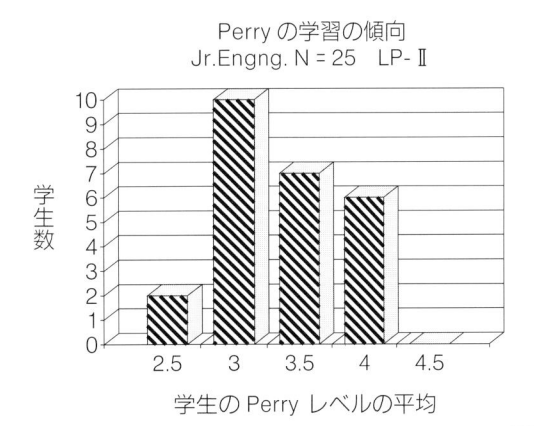

Perry の学習傾向
Jr.Engng. N = 37：Gainen

Perry の学習の傾向
Jr.Engng. N = 25　LP-Ⅱ

それぞれについて合計するように求められている．そして，あなたの回答の合計は8になるはずである．例えば，リンクの回答は次のようになる．
計（A）1，（B）2，（C）3，（D）2

Perry方式に変換するには，回答（A）の数字に2を掛け，（B）の数字に3，（C）に4，そして（D）に5を掛ける．次に，これを8で割って平均値を出す．

この例では，結果は：（1×2）＋（2×3）＋（3×4）＋（2×5）／8＝3.75となる．

解釈：ある課題に関してリンクはやや低く，またある課題に関してはやや高い．概して，リンクの態度は，表1-2のコラム3と4の間に記述したもの，コラム4の傾向に近い．

Moore-FitchによるLP-Ⅱ

Bill MooreとPeggy Fitchによる学習選択Ⅱの質問表を解釈するために，10の回答のそれぞれについて，第2番目（1の位，下一桁）の数字番号の平均値を計算する．そうすると，もしリンクが「54であれば，私はクラスメイトや友人から学ぶことができる」と確認すれば，10の数字の1つの平均は4つまり，第2番目の数字は4となる．

付録 B
フィードバックの用紙

　読者の便宜のため，フィードバックの用紙をまとめておく．
- 処理技能のための一般的な認識度と技能　110 頁
- 問題解決（表 3-6）　36 頁
- グループ活動スキル（表 5-1）　53 頁
- 評価についてのフィードバック（表 9-6）　95 頁
- ストレス管理のスキルの自己監視（表 1-5）　9 頁
- 自己主導型学習のスキル（表 7-3）　79 頁

110　PBL　判断能力を高める主体的学習

処理技能によって進度を監視する（各授業時間ごとに，あるいは各週の終わりに，0（非常に低い）から10（最高）までの範囲で，あなたの認識度と技能を得点化する）

処理技能	認識得点				技能得点			
	1	2	3	4	1	2	3	4
変化の管理とストレス：各段階を予想し，記述し，怒りと引きこもりの段階を確認し，各段階を通って進み，混乱の原因を認識する．（状況を）正していく行動や実行，振り返りについて探索し，苛立ちを管理する．あなたのコントロールの下にある要素についてのみ心配することによって，ストレスを管理する．肯定的な自己対話を用いる視点の状況を維持する，リラックスし，健康と活気を維持するための積極的活動を行う．								
問題解決：対処方法を認識しており，多様な方法を用い，正確さを重要視し，積極的であり，監視と振り返りを行い，体系的で組織的である．柔軟で，多くの異なる視点から状況を見る，客観的で批判的に情報を評価する，前向きに挑戦する，問題を明確化することに時間を費やす，基本原則を用いる，意思決定のために明確な基準を用いる．								
対人関係スキル・グループ活動スキル：グループとして，課題に焦点を当てる：問題の明確化，探索する，選択肢を考慮し，基準を認識し，課題をやりとげ，振り返り，チェックする．出来事を監視し，時間内に課題を完了する．グループは不適切で関連性のない情報に寄与することを避ける．課題の意味のない側面ではなく，主なテーマからそれることなしに，最後までそのテーマをやり抜く． 意欲：グループはリラックスし，一緒に学習活動を楽しみ，お互いに感情面での支援を与え，直接的に反対意見や失望を表現することができる．メンバーは熱心で，共に深くかかわっている．								
チーム活動スキル：チームの目標を発展させるために，グループがプラスの発展を成し，個人的な目標よりもチームの利益をすすんで優先させることによって，グループは維持される．各人が役割を知り，受け入れ，実行する．同意にもとづいて意思決定し，葛藤は「2＋2＝7」となるように解決される．								
議長としてのスキル：詳細な次第（議事録）を準備し，配布する．「チームイベント」を実行するために，事前に必要とされる詳細な準備活動を行っておく．会議の流れを促進する．〔中立的な立場でいるべき時期と，積極的な（助成）技能が必要とされる時期を知っている〕								
自己主導型，相互依存型学習：教育的基礎（教育原理）を知っており，それを活用して他者に教授する．達成を確認するための測定可能な基準を伴った目的を設定し，その目的は，入手可能な情報源を用いて達成可能である．目的は，広い範囲の学習情報源を考慮し，積極的に友人を情報源として活用する．学習主題の難しい部分を通して深く努力する（その部分を抜かすことなく，その部分が不適切であると考えることなく）．達成を示すために，証拠の形態を構築する，そして，それらを学習される知識と，用いられるプロセスとの両方に適用する．								
自己評価：評価における課題を知っており，課題を適用する．現在の証拠や目標となる知識／技法の証拠を探索し，成長のための目標を認識し，その目標を目に見える目標や測定可能な基準に変化させる．達成を示すために必要とされる証拠のタイプを確認する．組織的かつ批判的に，持続される期間の中で証拠を収集する．必要に応じて調整を行い，肯定的・否定的フィードバックの両方を探索し，活用する．考慮された証拠や基準，目的，目標に基づいて判断をする．その判断は外部の評価者によっても評価を受け，首尾一貫しており，客観的で妥当である．								
知識構造：問題を解決するために，新しい知識を適用することによって，新しい知識を深く定着させる．理論と実践とを結びつける主要なヒントを入念に練り，拡張する，確認する．重要な基本原理を確認し，新しい適用・活用を過去の経験と関連づける．「他にどこか？」を考える．知識の限界を知る．								
経験知識：広い範囲の暗黙知や，処理手段，推論の規則を確認し，記憶する．								
連続的概算の原理〔徐々に継続して，解答（問題解決）に接近すること〕：選択的であり，問題の解決に必要とされる主要な新しい知識や技法を確認することができ，情報源が入手可能でない場合には，「すべて」を学習しようと試みない．情報の次なる層（次のステップ）を認識できる．これは更なる情報源により得ることができる．根気強く，積極的に知識や技能を次々と，積み重ねていくように構築する．								

付録 C
MPS（McMaster Problem Solving）の抜粋

MPS 3　自己評価

1.1　紹介された概念に関連する用語の一覧表が示されたら，語句の定義ができ，適切な特徴を示し，例を引用できる．

1.1　評価あるいは評価する状況が与えられると，アセスメントに必要な構成要素を記述（説明）することができる．

3.1　評価あるいは評価する状況が与えられると，目標と期待を観察可能な用語で書くことができる．

3.2　評価あるいは評価する状況や観察可能な目標が与えられると，目標に一致している測定可能な基準を書くことができる．その結果は，チューターの結果と90％までが一致している．

4.1　書き記したものを証拠として示されたならば，他の人と一緒にあなたの自己評価について客観的にディスカッションをし，そのアセスメントに関して合意に達することができる．

4.2　問題解決に関連したワークショップ活動が与えられると，以前に行ったことや，その単元の後であなたができることを書き記すことができる．さらに，証拠を示し，その証拠を目標および目標に到達することができる程度，という観点から説明できる．あなたのそのふり返りは，チューターから，一貫性があり，客観的であると判断される．

5.1　他のコースや職場や日常生活で遭遇した状況が与えられると，問題解決技法をそれらの問題の解決にどのくらい十分に適用することができているかを，評価できる．その目標，基準，証拠や，あなたの解釈はチューターによって一貫性・完全性・客観性の観点から評価される．

5.2　個人的な目標が与えられると，そのことを客観的な用語でもって書き記し，測定可能な基準を設定し，証拠を選定し，十分に考えた反省を書くことができる．それはまさに，個人的目標に到達した自立した評価者に匹敵する．

・紹介された概念
自己評価，アセスメント，基準，意思決定やアセスメントは測定可能な基準にもとづいてなされるということ．

MPS 3：自己評価：アセスメント例

1．ある友人が自分の体重を減らしたいと話す．彼はあなたにどうしたら体重が減らせるかについて助言を求める．体重を減らすというこの目標について
a．もしも適切なら，この目標をさらに下位目標に分割する
b．観察可能な用語でもって，その下位目標を書き直す
c．下位目標に到達したかを有効に測定するために使用する，測定可能な基準を，少なくとも１つ設定する
d．下位目標に進んだことを示すために収集する，証拠を一種類記述する

2．「　　」という目標に対して，２つの測定可能な基準を設定する

3．下記の状況／問題に一致していると考える，６つ

の課題あるいは下位目標を列挙する

4．私の下位目標は「私の創造性を培うこと」である．これを観察可能な目標に書き直しなさい．

5．私の下位目標は「統計的検定の信頼性を高めること」である．進展の程度を測定するために用いる2つの観察可能で測定可能な基準を書きなさい．

6．「　」という目標，そして「　」という基準に対して，進展と到達を示すために用いることができる3種類の証拠を列挙しなさい．

7．クラス内(教室)での学習活動から，あなたは下記の証拠を得る．
・学習活動の間に3回書いた反省
・ワークシートおよび練習問題の記述文
・発見シート(気づきノート)
・あなたの認知および，学習活動の事前・事後の技法チェックリスト
・目標に到達したという程度についての熟慮したアセスメントを書く．1つひとつ着実に証拠に言及し，証拠および要求を目標に関連づける．

8．下記の目標および基準が与えられ，そして，下記の証拠が与えられると，目標がどの程度まで達成されたかを評価する．

索 引

●数字・欧文

80%と20%の法則　23
Clementの内的思考様式　72
MooreとFitchの学習嗜好についての調査項目　8
MPS：McMaster Problem Solving ix
「MPS」の6段階方略　28,30
Paretoの法則　23
PBLとはなにか　13
PBLの短所　16
PBLの長所　15
PBLの8つの課題　14
Perryのモデル　107
PSI (Problem Solving Index)　21
Sandler, Bernice　56

●あ 行

アセスメントにおける課題　88
アセスメントの目的　97
扱いにくい行動　57,58
怒り　8
意見の対立　57
意思決定の一例　33

●か 行

学習　69
学習サイクル　72
学習の嗜好についての調査項目　7
科目内容にもとづいた学習　13
科目内容にもとづいた学習とPBLとの比較　15
記憶された知識の多様な構造　75
基準づくり　93
基準の選択　93
基準の特徴　93
議長　55
教師主導型の学習と他の学習方法との比較　64
グループ・スキルにおける問題　46
グループとチームの比較　59
グループの発展段階に応じた問題　54
グループメンバーとチームメンバー　43
グループワークの長所と短所　41
継続的要約・継続的発展の法則　23
肯定的なフィードバック　48

●さ 行

時間の管理のしかた　6
自己主導型・相互依存型学習　65
自己主導型・相互依存型・小グループによるPBLの自己評価　83
自己主導型・相互依存型・小グループのPBL　66
自己主導型・独立型学習　65
自己評価　84
自分の問題解決のプロセスを知る　24
柔軟性　102
熟練した相互依存学習者　77
熟練した独立型学習者　75
小グループのPBL　41
ストレス管理のための監視チェックリスト　9
ストレスや時間，怒りの管理テクニック　6
責務の記録　11
相互依存型・自己主導型学習の課題　68
相互依存型・自己主導型学習のためのフィードバック　79
創造力を豊かにする　31

●た 行

知識とスキルを継続的に学習する　104
知識を要領よく活用する　34
チームをつくる　58
チャンスをつかまえるためのワークシート　10
チューターの役割　37

●は 行

悲嘆のプロセス　2,4
「悲嘆」のプロセス，変化に対処するための　1
否定的なフィードバック　49
評価　83
評価についてのフィードバック　95
深い分析と表面的分析　74
ブレーンストーミング用の監視チェックリスト　32
ブレーンストーミングを起こすためのきっかけ　32

●ま 行

満足の12対1の法則　23
目標　89
「問題確定」の3つの段階　25
「問題解決」で使われるスキル　20
問題解決能力尺度　21
問題解決能力に対する自信　21
問題解決のプロセス　22
問題解決を行う人の知識のプロセス　36
問題にもとづいた学習　13

●ら 行

リスニングのプロセス　50
リーダーシップ　52